Explorando los
LUGARES
CELESTIALES

VOLUMEN I

PAUL L. COX
BARBARA KAIN PARKER

Explorando los Lugares Celestiales
Volumen 1
Paul L. Cox y Bárbara Kain Parker

Publicaciones Aslan's
9315 Sagebrush
Apple Valley, CA 92308
760-810-0990

www.aslansplace.com

Las definiciones griegas se derivan de la Concordancia Strong en griego.
Las definiciones hebreas se derivan de la Concordancia Strong en hebreo.

ISBN # 978-1-5136-2481-5

Impreso en los Estados Unidos de América

TABLA DE CONTENIDO

INTRODUCCIÓN
A LAS SERIES
EXPLORANDO LOS LUGARES CELESTIALES

Estaba ubicado en mi asiento en el servicio matutino de adoración de una iglesia en Washington DC, y algo dentro de mí me hizo sobresaltar cuando el pastor dijo en su mensaje: "Sabe, nosotros realmente hacemos las cosas más complicadas, de lo que deberían ser. Todo es más simple". Yo pensé, "Yo no sé si creo eso". Después de operar en el don de discernimiento por más de veinte años, ahora estoy más convencido que nunca, que todo es más complicado de lo que nosotros pensamos.

Los pastores están lamentablemente reacios a explorar las complejidades del mundo espiritual. Hemos reducido nuestros sermones a tres, cinco, o diez puntos que se pueden proyectar fácilmente en un PowerPoint. Sin embargo, en medio de la rutina semanal de presentar sermones, los pastores nos enfrentamos a las dolencias espirituales, mentales y físicas de aquellos a los que pastoreamos, descubriendo con demasiada frecuencia que no tenemos las soluciones para su dolor. Sumado a esto, nuestro propio sufrimiento y el sufrimiento de los miembros de nuestra familia, agravan nuestra angustia.

¿Dónde está Dios en todo el dolor? Buscamos respuestas bíblicas y teológicas, haciendo nuestro mejor esfuerzo para ofrecer una respuesta a las preguntas que nos hacen. Pero, ¿dónde están las respuestas reales y tangibles que traen un verdadero alivio para el dolor?

No me he contentado con creer que no hay respuestas y sostengo que hay complejidades reales en el mundo espiritual que todavía tenemos que descubrir. Mientras más las entendemos, más precisas serán nuestras oraciones y veremos más resultados en nuestras oraciones.

No he llegado a creer esto debido a mi propia inteligencia, sino porque el Señor nos sigue revelando más y más sobre el mundo invisible. Como Él nos ha enseñado, hemos visto avances que anteriormente no eran evidentes. Él ha orquestado cada paso, que nos ha llevado desde lo más sencillo hasta lo más complejo; y mientras más profundo es nuestro entendimiento, veremos más beneficios en aquellos que anhelan la sanidad completa.

Explorando los Lugares Celestiales es una nueva serie de libros que explorarán el increíble y complejo mundo de los lugares celestiales espirituales que afectan nuestro mundo físico. Usted encontrará muy beneficioso leer primero *Excursión por el Cielo* y *Sube Más Alto*, estos libros son fundamentales para la nueva serie. Nuevos volúmenes seguirán siendo escritos y añadidos a la serie, según el Señor nos vaya dirigiendo.

Jesús dice, *"Busquen el reino de Dios por encima de todo lo demás y lleven una vida justa, y él les dará todo lo que necesiten."*[1] La clave es buscar los lugares celestiales, y luego esperar que todo lo que necesitamos será provisto.

Mucho antes de que escribiera *Excursión por el Cielo* y *Sube Más Alto*, el Señor nos reveló el secreto de cómo recibir Su revelación. Curiosamente, esa revelación no vino directamente a mí, sino que siempre se desarrolló dentro del contexto de estar con otros creyentes. Quizás yo puedo recibir primero un nuevo discernimiento, o tener un sueño, o recibir una palabra o una frase; pero nunca recibo el entendimiento completo sin consultar a los demás. Es en esa unidad que la nueva revelación se desarrolla y es entendida; es nuestro caminar juntos el que trae iluminación a la sabiduría del Señor; y es por esta razón que estas series serán escritas como coautor con otros. Realmente creo que es en la unidad donde los misterios del Reino serán revelados.

Años atrás un hombre tuvo una visión de mí. Él describió un enorme depósito con varios pisos, y dentro, desde el piso hasta el techo había armarios como los que los viejos correos usaban para clasificar. Cada uno de estos armarios contenía un rollo. Él se volvió a mí y me dijo "Todos estos rollos están llenos de revelación que el Señor quiere mostrarte". Yo pensé, "¿Cómo puede ser esto si ya estoy abrumado por lo que Él me ha mostrado hasta aquí?". Ahora, más de diez años después, me doy cuenta que el viaje del entendimiento de los maravillosos multi-universos de la creación del Señor recién ha comenzado y hay verdadera esperanza para aquellos que entienden que *"El Señor es bueno"* y *"Su amor permanece para siempre"*,[2] para aquellos que se dan cuenta de que Su deseo es que nosotros estemos completamente sanos y soltados hacia nuestro derecho de nacimiento generacional.

1

LA PARTE NO ES EL TODO

Es común que me venga un pensamiento que luego establece un maravilloso principio en mi mente, un pensamiento que primero parece tan simple que me veo tentado a olvidarlo, como si fuera una intrusión insignificante en mi mente. Sin embargo, mientras el Señor me va empujando a considerar las ramificaciones de ese pensamiento y la enormidad de lo que implica, me asombro. De esta forma, un día en medio de la rutina diaria mi conciencia fue invadida con esto, "La parte no es el todo". Aunque el pensamiento parecía al azar, no lo podía ignorar ni olvidar. "La parte no es el todo", venía una y otra vez, como si mi mente fuera una computadora procesando un pedazo de información necesaria para resolver una compleja ecuación matemática. Y luego entendí.

En el otoño de 1989, poco después de ministrar mi primera liberación, un hombre que había sufrido de una gravísimo maltrato infantil, se me acercó diciendo que necesitaba ayuda y que sintió que el Señor lo había dirigido hacia mí para recibir oración. ¡Yo no estaba preparado para lo que sucedería después! De repente, ya no estaba hablando con el hombre, sino con un joven que expresaba el dolor que había sufrido. Esta fue mi primera experiencia con el Trastorno de Identidad Disociativo (TID); seguido a esa sesión, muchos otros empezaron a venir a mí, quienes también habían experimentado terribles dolores cuando eran niños. Ahora, yo había sido expuesto a un mundo psicológico, que era a la vez, inquietante y aterrador.

Durante los siguientes meses leí mucho sobre TID (Trastorno de Identidad Disociativo) y escuché muchas conferencias grabadas de expertos en ese campo. A medida que más y más personas llegaban para ser ministradas, empecé a desarrollar una comprensión más sencilla sobre TID y de las complejidades psicológicas y espirituales de este sistema de defensa, que es una respuesta a un trauma infantil. Con los años el Señor ha afinado mi percepción del TID.

En 1994, la Asociación Americana de Psiquiatría, en su publicación *Diagnostic and Statistical Manual of Mental Disorders* (Diagnóstico y Estadísticas de los Trastornos Mentales) (DSM-IV), el término "Trastorno Disociativo Múltiple" fue cambiado a "Trastorno de Identidad Disociativo" (TID) con el fin de describir con mayor precisión la enfermedad.[3] Desde esos primeros años, una extensa investigación fue hecha por los cristianos y por la comunidad académica, que ha explorado las asombrosas complejidades del TID.

En 1998, un amigo en común me presentó al Dr. Tom Hawkins, quien había sido expuesto previamente al TID. Vino de visita a nuestra casa por siete días, cuando vivíamos en la propiedad del Centro de Movilización de Oración en Idyllwild, CA. Desarrollamos una maravillosa amistad, y tiempo después pasábamos mucho más tiempos juntos y hablábamos por teléfono con frecuencia, mientras madurábamos en nuestro entendimiento y compresión sobre TID. El ministerio de Tom, Restoration in Christ Ministries (Restauración en Cristo), se convirtió en líder en ayudar a aquellos que fueron severamente abusados por otras personas.[4]

Como ya he compartido en la introducción a la serie *Explorando los Lugares Celestiales*, el Señor sigue llevándonos de lo simple a lo más complejo, y esto es un ejemplo. Así como aprendimos que una persona podía ser destruida a temprana edad, también empezamos a descubrir que una persona podía quedar atrapada en la profundidad, longitud, anchura y altura de los lugares impíos, a causa de toda una vida de cuestiones generacionales. A veces, podíamos explicarlo desde nuestro entendimiento del TID, pero no siempre. Según como el Señor nos dirigía, notamos que muchas personas que no habían podido recibir ayuda antes, ahora estaban viendo una dramática mejoría en sus vidas. Era como si estuviéramos explorando los muchos afluentes de un gran río, notando que parecía que había conexiones, pero desconociendo cómo conciliar la manera en que se unieron en medio de toda la revelación que estábamos recibiendo.

A menudo estaba preocupado, porque no podía entender cómo una persona podía estar atrapada en tantos lugares diferentes al mismo tiempo, y la mayor dificultad surgía cuando la persona también mostraba síntomas de TID. ¿Cómo podría una persona funcionar en la vida sobre la tierra y a la vez habitar en muchos otros lugares en el mundo espiritual? Así como nosotros habíamos tenido nuestra propia revelación, notamos que muchos otros estaban recibiendo verdades similares. Ana Méndez Farrell escribe en su libro *Regions of Captivity*, sobre cuando ministraba a su hermana mientras ella estaba hospitalizada. El Señor le mostró a Ana que su hermana estaba atrapada en una cueva bajo el agua, puso una imagen de su visión en el libro. El Señor le reveló a Ana cómo ministrar a su hermana y el resultado fue una sanidad maravillosa.

Yo estaba sorprendido, porque el Señor les había mostrado también a muchas personas a través de sueños y visiones que ellos u otros también estaban atrapados bajo el agua. ¿Cómo era esto posible? Estaba claro que Ana podía ver a su hermana en la habitación del hospital, sin embargo, también la vio bajo el agua. ¿Cómo podía estar en dos lugares al mismo tiempo? Fue mientras miraba la imagen de Ana F. cuando de repente mi pensamiento "La parte no es el todo" tuvo sentido.

Una persona con TID puede tener muchas identidades (alternos), y el Dr. Tom Hawkins nos ha dado una buena definición de una identidad alterna.

> Una identidad alterna es una proyección completamente separada del verdadero ser de la persona, formado a través de la disociación, que le permite hacer frente en medio de un trauma abrumador. Este es el significado más acertado de lo que es una personalidad alterada, ya que cada una de estas partes tiene una identidad distintiva, pero no siempre es una personalidad completamente desarrollada. Estas personalidades son mucho más limitadas en su función y conciencia que las identidades primarias, las cuales llevan la esencia de la persona misma.[5]

Como ya he hablado con identidades alternas, me he dado cuenta que presentan las características de una persona, a veces pensando que son las únicas en el cuerpo. Por ejemplo, un alterno de tres años de edad, puede tener los recuerdos y la personalidad de un niño de tres años de edad, él es todo lo que un niño de tres años de edad es. Sin embargo, el alterno es sólo una parte; no es toda la persona. "La parte no es el todo." La separación de la identidad central de un alterno permite a la persona ser separada en partes que luego pueden ser relegados a diferentes lugares en el mundo espiritual. Cada parte tiene la apariencia de la totalidad de la persona, e incluso podría funcionar como un todo; pero es sólo una parte.

Ahora hemos aprendido que el alma y el espíritu de una persona se pueden separar en partes, que pueden ser colocadas en diferentes lugares en el tiempo o en las regiones celestiales. Para añadir a la complejidad de esta realidad, esto puede suceder también en la línea generacional y las partes generacionales separadas parece que aún tienen influencia en una persona que todavía está viva. También es posible que estas piezas hayan sido fragmentadas, así que encontrar una parte y traerla de regreso al cuerpo, solo se soluciona trayendo primero los fragmentos de nuevo a la parte, y en ese momento esa parte puede, a través de la guía del Señor en oración, retornar a la persona y ser colocada en el tiempo perfecto de Dios.

En este libro introductorio hemos incluido artículos sobre aspectos del cuerpo, alma y espíritu, a fin de proporcionar una comprensión básica de estos elementos de nuestra humanidad, que nos ayuden a ver cómo nuestros seres interactúan con lo invisible. La destrucción de estos aspectos de nuestras vidas a través de las heridas nos prohíbe ser todo lo que el Señor quiere que seamos y permite al enemigo sacar provecho de lo que es nuestro por derecho. La sanidad para este dolor se explorará más a lo largo de la serie de libros *Explorando los Lugares Celestiales*.

2

INTRODUCCIÓN
Al Cuerpo, Alma y Espíritu

Explorando los Lugares Celestiales: un lindo título, pero ¿cómo puede hacer esto el cristiano promedio? Muchos de nosotros hemos sido enseñados que ahondar en lo invisible es equivalente a la participación en las filosofías ocultas. Pero ¡no lo es! Los practicantes de la Nueva Era y otras creencias que abrazan lo sobrenatural no enfocan a sus seguidores hacia el verdadero Dios, manifestado en las personas del Padre, el Hijo y el Espíritu Santo. Más bien, ellos conviven con entidades malignas y buscan las experiencias reales que son accesibles en los reinos espirituales impíos. Sí, Satanás es el gran imitador; pero la creación original todavía le pertenece a Dios, y el derecho a explorarla es el privilegio de Sus hijos.

Las siguientes palabras son muy familiares:

En el principio, Dios creó.... Entonces Dios dijo: Hagamos a los seres humanos a nuestra imagen, para que sean como nosotros. Ellos reinarán sobre los peces del mar, las aves del cielo, los animales domésticos, todos los animales salvajes de la tierra y los animales pequeños que corren por el suelo. Así que Dios creó a los seres humanos a su propia imagen. A imagen de Dios los creó; hombre y mujer los creó. Luego Dios los bendijo con las siguientes palabras: Sean

9

fructíferos y multiplíquense. Llenen la tierra y gobiernen sobre ella. Reinen sobre los peces del mar, las aves del cielo y todos los animales que corren por el suelo. El SEÑOR formo al ser humano del polvo de la tierra, y sopló en su nariz aliento de vida; y el hombre se convirtió en un alma viviente. ⁶

Fuimos creados a su imagen, pero ¿qué significa esto, ahora que vivimos en un mundo caído? Sí, el dominio fue entregado a Satanás cuando Adán y Eva pecaron, y el plan de Dios para la humanidad se descarriló aparentemente; pero el Salvador prometió y *"al llegar la plenitud de los tiempos, envió Dios a su Hijo."⁷* Ese Hijo, Jesús, exhibe *"el resplandor de Su gloria, y la imagen misma de Su persona",⁸* y estamos para ser conformados a Su imagen.⁹

Ningún otro ser creado se hizo a Su imagen. Dios se refiere a menudo como la Trinidad, debido a sus tres personas; pero Su carácter también es trino en el sentido que Él posee cuerpo, alma y Espíritu. Su cuerpo es evidente en el Jesús resucitado en cuerpo físico, y no hay duda de su naturaleza espiritual. Pero, ¿tiene Él un alma? ¡Sí! Jueces 10:16 nos dice que Su *"alma se entristeció con la miseria de Israel"* (RV1960). Y Hebreos 10:38 declara, *"Mis justos vivirán por la fe'. 'Pero no me complaceré con nadie que se aleje, y si puede retroceder, Mi alma no tiene ningún placer en él '"* (YOUNG'S). Qué interesante es que en Su imagen, la humanidad también posee cuerpo, alma y espíritu.

El plan original de Dios para la humanidad es otra vez posible a través de Su Hijo, Jesús, quien declaró: *"De cierto os digo: El que en mí cree, las obras que yo hago, él las hará también; y aún mayores que éstas hará, porque yo voy al Padre."¹⁰* Por lo tanto, tiene sentido que no sólo tenemos Su permiso, sino que también somos motivados a mirar dentro de lo invisible. ¿Cómo podemos, como Jesús, hacer sólo lo que vemos hacer al Padre?¹¹

Claramente, como seres multidimensionales, hemos sido diseñados para experimentar más allá del tiempo y del espacio en el cual nuestros cuerpos están confinados. *"Por la fe entendemos haber sido constituido el universo por la palabra de Dios, de modo que lo que se ve fue hecho de lo que no se veía".*[12] Por lo tanto, tenemos que entender lo que la Biblia tiene que decir acerca de nuestra naturaleza trina, con el fin de comprender las facetas de la interacción entre los reinos espirituales y nosotros mismos.

3

ENTENDIENDO EL CUERPO
El Diseño Original de Dios

¿Quién puede resistirse al encanto de un bebé, especialmente durante el primer año de vida? El frenético e impotente grito de un recién nacido; un pequeño mirando con asombro su mano, que acaba de descubrir que está pegada; risitas de un niño de seis meses y carcajadas de alegría cuando se le hace cosquillas en la barriga; esa determinación tenaz cuando el niño descubre cómo darse vuelta, sentarse, gatear, pararse, caminar; las pequeñas sonrisas divertidas de asombro mientras mete las manos en un plato de avena, apretando esa cosa pegajosa a través de sus pequeños dedos. ¿Y quién puede resistirse a los abrazos entrañables y besos; las risas y las lágrimas; sus saludos y palabras, a medida que aprende a mostrar afecto y a comunicarse con más que lágrimas? El bebé está la mayor parte del tiempo ocupado con su cuerpo, con cómo se siente, y cómo lograr hacer las cosas que ve que otros están haciendo. Él experimenta y explora; lo intenta, fracasa, y lo intenta de nuevo; y para su primer cumpleaños ha logrado increíbles hazañas de desarrollo físico. Él está completamente enfocado en la realidad física de la vida, y su desarrollo corporal actual es clave para el éxito futuro en la transición de bebé a niño, a adolescente y a adulto.

A través de la vida, permanecemos íntimamente consientes de nuestros cuerpos, sabiendo de que es capaz y de que no, sabiendo que lo hace sentir bien como lo que lo lastima. Los jóvenes adultos pueden pensar o actuar como si sus cuerpos fueran invencibles, pero muy pronto se dan cuenta del proceso de envejecimiento. Las arrugas y canas aparecen; partes del cuerpo que se comienzan a desgastar; y de repente parece que los movimientos y los procesos de pensamiento comienzan a hacerse más lentos. Que tentador es, ir obsesivamente detrás del último truco para mantener la apariencia de juventud o descarrilarse por temas de salud y terminar persiguiendo una cura total difícil de alcanzar. Puede ser difícil de enfrentar, pero finalmente entendemos que la muerte es certera.

Los cuerpos, innegablemente estancados en la esfera física, están dotados de cinco sentidos que nos permiten percibir el tiempo y el espacio. Tacto, gusto, olfato, la audición y la vista; nos resultan tan familiares que quizás los subestimamos y asumimos incorrectamente que ellos están confinados a la realidad física, como lo está la carne. En Su diseño perfecto, Dios le dio a los cuerpos la habilidad de interactuar en las dimensiones, aunque estén confinados al mundo.

La importancia de un cuerpo para Dios no puede ser subestimada, ya sea que la palabra sea usada en un sentido individual o como referencia a la iglesia como el Cuerpo de Cristo.

> *Cristo también es la cabeza de la iglesia, la cual es su cuerpo. Él es el principio supremo sobre todos los que se levantan de los muertos. Así que él es el primero en todo. ... Me alegro cuando sufro en carne propia por ustedes, porque así participo de los sufrimientos de Cristo, que continúan a favor de su cuerpo, que es la iglesia.*[13]

Es evidente que Dios considera nuestros cuerpos como algo muy especial, eso lo vemos en las hermosas palabras del Salmo 139, que cuentan cómo Él amorosamente hizo con Sus manos a cada uno de nosotros.

Tú creaste las delicadas partes internas de mi cuerpo y me entretejiste en el vientre de mi madre. ¡Gracias por hacerme tan maravillosamente complejo! Tu fino trabajo es maravilloso, lo sé muy bien. Tú me observabas mientras iba cobrando forma en secreto, mientras se entretejían mis partes en la oscuridad de la matriz. Me viste antes de que naciera. Cada día de mi vida estaba registrado en tu libro. Cada momento fue diseñado antes de que un solo día pasara.[14]

¿Cuán frecuente contemplamos la enormidad de esas palabras? ¿Cuán seguido nos quejamos de las cosas que no nos gustan de nosotros en lugar de alabar a Dios porque somos Su pieza maestra, única y perfectamente diseñada? Muchos años atrás, escribí en la parte trasera de mi Biblia una cita de una fuente que no recuerdo, "Dios te hizo exactamente como eres porque Él quiere pasar la eternidad con alguien exactamente como tú." Debo admitir que no siempre le presté atención a esas palabras; pero como todos, he caído numerosas veces en la trampa de desear poder cambiarme a mí mismo en algo mejor.

Sin embargo, la conclusión es que mientras nuestros cuerpos evidentemente son esenciales, de hecho, se podría decir que no podemos vivir sin ellos, nuestras vidas no deben girar en torno a sus necesidades físicas. El mismo Jesús dijo que deberíamos tomar esto, *"Por eso les digo que no se preocupen por la vida diaria, si tendrán suficiente alimento y bebida, o suficiente ropa para vestirse. ¿Acaso no es la vida más que la comida y el cuerpo más que la ropa?... Busquen el reino de Dios por encima de todo lo demás y lleven una vida justa, y él les dará todo lo que necesiten".*[15] Está bien, los cuerpos son vitales, pero no estamos aquí para obsesionarnos con ellos.; así que ¿cómo deben ser vistos y usados? ¿Cuál es su propósito?

David comprendió que nuestros cuerpos fueron creados para estar en relación con Dios cuando escribió: *"Oh Dios, tú eres mi Dios; de todo corazón te busco. Mi alma tiene sed de ti; todo mi cuerpo te anhela en esta tierra reseca y agotada donde no hay agua".*[16] Y por instrucción de Salomón tenemos que, *"Busca su voluntad en todo lo que hagas, y él te mostrará cuál camino tomar. No te dejes impresionar por tu propia sabiduría. En cambio, teme al Señor y aléjate del mal. Entonces dará salud a tu cuerpo y fortaleza a tus huesos".*[17]

¿Qué conclusiones podemos sacar sobre nuestros cuerpos con respecto a lo cual fueron destinados originalmente por Dios? Demos un rápido vistazo a la historia de la creación en Génesis donde revela:

- Son entidades físicas, formados del polvo de la tierra y traídos a la vida por el propio aliento de Dios.

- No descendimos de otras formas de vida como diversas teorías evolucionistas nos quieren hacer creer, sino que fuimos creados a imagen de Dios y nos fue dado dominio sobre toda la tierra.

- El cuerpo masculino y femenino fueron diseñados para unirse y reproducir una multitud de niños, para que habitasen en un mundo perfecto.

- El ser hecho a la imagen de Dios implica que estamos destinados a parecernos a Él, al igual que una escultura, pintura o una fotografía que refleja un original; o como una imagen en un espejo con un reflejo idéntico a la imagen real.

- Fuimos destinados a estar en comunión con Dios; a caminar, hablar, e incluso a verle, al igual que Adán y Eva; que vivían corporalmente en una realidad espiritual.

Pero espere, ¿cómo podemos saber cómo es Dios? ¿Tiene manos, pies, nariz, boca y oídos? Algunos podrían argumentar que es imposible saberlo, después de todo, ¿cómo podemos estar seguros? Podemos mirar a Jesús, el Hombre que es Dios.

4

ENTENDIENDO EL CUERPO
Nuestra Realidad Actual

En el principio creó Dios al hombre a Su imagen y dijo que era bueno, pero Adán y Eva pecaron y nuestros cuerpos fueron maldecidos con la muerte. Según lo prometido, Jesús, el Hijo perfecto de Dios sin pecado, vino en forma corporal; vivió y murió, tomando nuestros pecados sobre Su cuerpo; fue resucitado y pasó cuarenta días con Sus seguidores; ascendió corporalmente al cielo; donde vive eternamente en Su cuerpo glorificado y transformado, convirtiéndose así en el primer fruto y haciendo posible la redención de nuestros cuerpos. Esto cubre el principio y el fin de la cuestión, pero ¿qué con ocurre con el período del medio, donde nosotros existimos ahora? La palabra de Dios nos da mucha dirección. Podemos estar confinados temporalmente a nuestros cuerpos y sujetos a los efectos del pecado - enfermedad, destrucción, muerte- pero Dios todavía tiene un plan, y Él por medio de la gracia nos ha llevado a él.

Es de suma importancia que interioricemos la verdad de 1Corintios 6:19-20;

¿No se dan cuenta de que su cuerpo es el templo del Espíritu Santo, quien vive en ustedes y les fue dado por Dios? Ustedes no se pertenecen a sí mismos, porque Dios los compró a un alto precio. Por lo tanto, honren a Dios con su cuerpo.

No es fuera de lo común que tengamos gran cuidado de nuestras posesiones más importantes -casas, coches, juguetes, etc.-, ya que son de valor; costosos en términos de tiempo, esfuerzo o dinero y no queremos que se dañen. Pero, ¿cuántas veces se nos olvida el costo que Jesús pagó para que nos convirtamos en la morada del Espíritu del Dios Vivo? Cuanto más comprendemos la enormidad de lo que Él ha hecho por nosotros, más querremos honrarlo en nuestros cuerpos, y más seriamente tomaremos las escrituras tales como:

- *Los que controlan su lengua tendrán una larga vida; el abrir la boca puede arruinarlo todo.*[18]
- *¡Vengan todos! ¡Aplaudan! ¡Griten alegres alabanzas a Dios!*[19]
- *Todo lo que hagas, hazlo bien, pues cuando vayas a la tumba no habrá trabajo ni proyectos ni conocimiento ni sabiduría.*[20]
- *Luego les dijo: El que tenga oídos para oír, que escuche (entienda).*[21]
- *No permitan que el pecado controle la manera en que viven; no caigan ante los deseos pecaminosos.*[22]
- *Si declaras abiertamente que Jesús es el Señor y crees en tu corazón que Dios lo levantó de los muertos, serás salvo. Pues es por creer en tu corazón que eres declarado justo a los ojos de Dios y es por declarar abiertamente tu fe que eres salvo.*[23]
- *¡Huyan del pecado sexual! Ningún otro pecado afecta tanto el cuerpo como este, porque la inmoralidad sexual es un pecado contra el propio cuerpo.*[24]
- *Disciplino mi cuerpo como lo hace un atleta, lo entreno para que haga lo que debe hacer.*[25]
- *Esto es lo que me salvará: no soy ningún impío... Y confío en que mi vida dará honor a Cristo, sea que yo viva o muera.*[26]

¿Cuál fue la última frase? *"Así que ahora también será magnificado Cristo en mi cuerpo, o por vida o por muerte."* Suena bien, pero ¿Cómo se ve esto en realidad? Tal vez algunos ejemplos nos ayudarán a comprender esto con mayor claridad.

Moisés y los israelitas cantaron. Miriam y las mujeres bailaron con ella mientras celebraban la liberación del Señor en el Mar Rojo. El Rey David saltó y bailó con alegría en las calles de Jerusalén, por el regreso del arca de los Filisteos.[27]

Considere a José; guapo, talentoso y muy querido por su padre, pero rechazado por sus diez hermanos mayores a causa de los celos. Ellos lo arrojaron en una cisterna, mientras consideraban matarlo, pero en lugar de eso lo vendieron como esclavo. Arrastrado a Egipto, fue el capitán de la guardia del Faraón, pero la esposa de su amo trató de seducirlo. Él se negó a sus ofrecimientos y se escapó, pero fue acusado falsamente y encarcelado. Sin embargo, José permaneció fiel a Dios, mientras se ganaba la confianza del carcelero e interpretaba los sueños para algunos de sus compañeros de prisión. Él le pidió a uno de ellos que le hablara de su caso al Faraón, pero al hombre se le olvidó rápidamente y José permaneció encerrado durante dos años más, hasta que el Faraón tuvo un sueño y estaba desesperado por conocer su significado. Cuando el ex preso finalmente recordó a José y fue llevado a interpretar el sueño, dio una palabra exacta del Señor, y llegó a ser el segundo al mando de todo Egipto. Sabía lo que significaba glorificar a Dios en su cuerpo, sin importar el sufrimiento físico que fue impuesto sobre él. Por último, se reunió con sus hermanos, los perdonó, los consoló y proveyó para ellos.[28] José sabía la verdad- Dios es restaurador de los que le buscan.

O, ¿qué hay de Daniel y sus amigos Sadrac, Mesac y Abednego? Estos hombres jóvenes arrancados de sus hogares y llevados en esclavitud a Babilonia, fueron seleccionados para el servicio especial al rey Nabucodonosor. Durante su formación, estaban decididos a honrar a Dios en sus cuerpos y convencieron a los guardias de que comerían sólo verduras y agua en vez de la rica comida y el vino de la mesa del rey. Como resultado, superaron a todos los demás en términos de sabiduría y de inteligencia y el rey encontró que eran diez veces mejor que todos los magos y astrólogos en todo su reino. Conforme pasó el tiempo, cada uno fue desafiado a abandonar su fe en Dios y adorar al rey o sufrir las consecuencias. Los resultados de esas amenazas son bien conocidos, quien no ha oído hablar de los tres hombres que sobrevivieron a un horno de fuego sin siquiera tener olor a humo en sus cuerpos; o de la noche de Daniel en el foso de los leones, donde su cuerpo salió ileso, en gran contraste con sus acusadores, cuyos cuerpos fueron aplastados incluso antes de que tocaran el piso.[29]

Y no se olvide de Esteban, quien clamó a Dios por el perdón de sus asesinos y fue apedreado hasta la muerte. Ciertamente su ejemplo debe de haber impactado a un joven llamado Saulo, quien se limitó a cuidar las pertenencias de los asesinos - un joven que hoy conocemos como el Apóstol Pablo.[30]

La lista sigue mientras examinamos las vidas de las personas en la Biblia, que se manejaron de tal manera que la atención la llevaron hacia Dios; ejemplos bien documentados de hombres ordinarios en cuerpos físicos que experimentaron lo sobrenatural, sin dudar y sin tener ni idea como el mantenerse firmes en la justicia, impactaría al mundo.

La forma en que usamos nuestros cuerpos importa. Podemos honrar a Dios mediante la toma de decisiones sabias con respecto a lo que vemos, leemos, y escuchemos, así como en las actividades en las que participamos. Podemos bendecir a otros con las palabras de nuestra boca o destruirlos con el chisme; podemos tratar a la gente con amabilidad o golpearlos con violencia y causarles lesiones. Las decisiones que tomamos todos los días en cuanto a la utilización de nuestros cuerpos no deben tomarse a la ligera, *"Pues todos tendremos que estar delante de Cristo para ser juzgados. Cada uno de nosotros recibirá lo que merezca por lo bueno o lo malo que haya hecho mientras estaba en este cuerpo terrenal".*[31]

¿Recuerda al bebé cuya vida gira en torno a su cuerpo? Tales acciones son necesarias y adecuadas para un tiempo, pero no pueden permanecer para siempre- debemos crecer. No seamos lentos para aprender, *"Hace tanto que son creyentes que ya deberían estar enseñando a otros. En cambio, necesitan que alguien vuelva a enseñarles las cosas básicas de la palabra de Dios. Son como niños pequeños que necesitan leche y no pueden comer alimento sólido. Pues el que se alimenta de leche sigue siendo bebé y no sabe cómo hacer lo correcto".*[32] Aprendamos mejor del ejemplo que Jesús nos dejó,

> *"Mientras estuvo aquí en la tierra, Jesús ofreció oraciones y súplicas con gran clamor y lágrimas al que podía rescatarlo de la muerte. Y Dios oyó sus oraciones por la gran reverencia que Jesús le tenía. Aunque era Hijo de Dios, Jesús aprendió obediencia por las cosas que sufrió. De ese modo, Dios lo hizo apto para ser el Sumo Sacerdote perfecto, y Jesús llegó a ser la fuente de salvación eterna para todos los que le obedecen. Y Dios lo designó Sumo Sacerdote según el orden de Melquisedec"*[33]

Mientras buscamos seguir Su ejemplo, progresivamente volviéndonos más y más conforme a Su imagen, comenzaremos a hacer esas cosas que Él hizo- cosas que no se pueden explicar en el ámbito natural. Y a medida que aprendemos a ejercer el discernimiento a través del uso de nuestros sentidos físicos, nos encontraremos con los reinos celestiales.

5

ENTENDIENDO EL CUERPO
Jesús, el Hombre

Jesús es identificado como el Creador así como también el Hombre con un cuerpo físico.

> *En el principio la Palabra ya existía. La Palabra estaba con Dios, y la Palabra era Dios. El que es la Palabra existía en el principio con Dios. Dios creó todas las cosas por medio de él, y nada fue creado sin él…Entonces la Palabra se hizo hombre y vino a vivir entre nosotros. Estaba lleno de amor inagotable y fidelidad. Y hemos visto su gloria, la gloria del único Hijo del Padre.[34]*

Y este hombre, Jesús- el Creador; la Palabra; Dios - dijo: *"Si ustedes realmente me conocieran, también sabrían quién es mi Padre. De ahora en adelante, ya lo conocen y lo han visto... El que me ha visto, ha visto al Padre."[35]* De ello se desprende que, dado que es a Su imagen a la que fuimos creados, debemos parecernos a Él en nuestros cuerpos.

El plan original de Dios para la gente es que vivan en comunión con Él en la tierra, disfrutando de Su compañía como Adán y Eva lo hicieron en el Jardín del Edén, plan que fue frustrado cuando eligieron pecar en sus cuerpos comiendo del fruto prohibido; causando estragos no sólo en sí mismos, sino sobre todas las generaciones siguientes. La muerte hizo una entrada y Dios declaró,

"La tierra es maldita por tu culpa. Toda tu vida lucharás para poder vivir de ella. Te producirá espinos y cardos, aunque comerás de sus granos. Con el sudor de tu frente obtendrás alimento para comer hasta que vuelvas a la tierra de la que fuiste formado. Pues fuiste hecho del polvo, y al polvo volverás.' [36]

La vida en el cuerpo, tal como la conocemos, comenzó no sólo con la maldición de la muerte física, sino también con una maldición sobre el mismo suelo donde caminamos, por lo que a través de nuestra vida luchamos para sobrevivir. La evidencia bíblica de los efectos del pecado apareció rápidamente cuando los hombres utilizaron sus cuerpos para deshonrar a Dios; cometiendo actos de asesinato, violaciones, adulterio, robos, mentira, idolatría, y más y más. De hecho, a sólo seis capítulos en la Biblia vemos que *"El Señor vio la magnitud de la maldad humana en la tierra y que todo lo que la gente pensaba o imaginaba era siempre y totalmente malo. Entonces el Señor lamentó haber creado al ser humano y haberlo puesto sobre la tierra. Se le partió el corazón."* [37]

A medida que aumentaba el pecado, las diversas formas de enfermedad pronto empezaron a comerse los cuerpos que Dios había destinado para vivir para siempre - lepra, ceguera, sordera, forúnculos, enfermedades infecciosas, heridas crónicas, picazón, cojera; y de nuevo, la lista sigue.[38] Ninguno de nosotros está exento; todos hemos sufrido una enfermedad o lesión; y todos hemos pecado con nuestros cuerpos. Entonces, ¿qué vamos a hacer? Al igual que Pablo, podemos clamar: *"¡Miserable de mí! ¿Quién me librará de este cuerpo de muerte?'*[39] Es una pregunta válida, y por suerte hay uno que tiene una respuesta maravillosa; Jesús, *"Él mismo cargó nuestros pecados sobre su cuerpo en la cruz, para que nosotros podamos estar muertos al pecado y vivir para lo que es recto. Por sus heridas, ustedes son sanados.'*[40]

Una y otra vez, cuando hacemos preguntas, Jesús es la respuesta. Fue Su cuerpo el que fue torturado y asesinado en un complot diseñado por el mal para mantener a la humanidad esclavizada físicamente por siempre; fue en su cuerpo que llevó nuestros pecados a la tumba; el que fue resucitado dándonos esperanza, sanidad y un camino a la redención para nuestros cuerpos.

Hay muchas preguntas y muchos sistemas de creencias con respecto al cuerpo, en particular, sobre la resurrección de la carne, del cual se ha escrito mucho, así que vamos a mantenerlo simple. Pablo nos instó a buscar a *"Jesús, el autor y consumador de la fe"*[41] como nuestro ejemplo; *"Lo cierto es que Cristo sí resucitó de los muertos. Él es el primer fruto de una gran cosecha, el primero de todos los que murieron. Así que, ya ven, tal como la muerte entró en el mundo por medio de un hombre, ahora la resurrección de los muertos ha comenzado por medio de otro hombre"*[42] Es importante notar que Jesús no fue el primero en levantarse de entre los muertos, llamó a otros a la vida antes de que Él experimentara la muerte personalmente; pero Él fue el primer hombre cuyo cuerpo resucitado nunca moriría de nuevo. Esto es lo que lo hace nuestra primicia, nuestro ejemplo. Mirando hacia Él, vemos algunas características interesantes de Su cuerpo resucitado.

- Él había sido cambiado; transformado de una forma que lo llevó a ser irreconocible para aquellos a quienes Él se había revelado a sí mismo; como en sus apariciones a María Magdalena y los dos en el camino a Emaús.[43]

- No estaba limitado por barreras físicas, como lo demuestra la evidencia cuando apareció en la habitación con Sus seguidores. Él podía aparecer y desaparecer a Su voluntad, independientemente de las puertas cerradas o de las paredes.[44]

- Su cuerpo era tangible-físicamente- como se evidencia por el consumo de comida.[45]

- Su cuerpo todavía mostraba las cicatrices de Su crucifixión, lo que implica que Él no tenía un cuerpo nuevo, sino el original   perfectamente restaurado y resucitado.[46]

- El ascendió en Su cuerpo al cielo.[47]

- Jesús retornará en Su cuerpo.[48]

Aun así, quedan muchas preguntas. ¿Podrán nuestros cuerpos resucitados tener las mismas características? ¿Seremos capaces de aparecer de repente dondequiera que deseemos? Si tenemos el mismo cuerpo, ¿cómo se verá? ¿Va a ser joven o viejo? ¿Va a llevar las cicatrices? ¿Cómo puede un cuerpo que ya ha vuelto al polvo elevarse para convertirse en el mismo cuerpo que fue en su desaparición? Hasta que experimentemos nuestra propia resurrección, siempre tendremos preguntas; así que quizás nuestro mejor enfoque es simplemente estar de acuerdo con el apóstol Juan: *"Queridos amigos, ya somos hijos de Dios, pero él todavía no nos ha mostrado lo que seremos cuando Cristo venga; pero sí sabemos que seremos como él, porque lo veremos tal como él es."*[49] No necesitamos tener todas las respuestas – sabiendo que Dios las tiene nos permite continuar en fe. *"En cambio, nosotros somos ciudadanos del cielo, donde vive el Señor Jesucristo; y esperamos con mucho anhelo que él regrese como nuestro Salvador. Él tomará nuestro débil cuerpo mortal y lo transformará en un cuerpo glorioso, igual al de él. Lo hará valiéndose del mismo poder con el que pondrá todas las cosas bajo su dominio".*[50]

Tal vez una palabra de precaución debe inyectarse aquí. Mientras que las maravillas de la vida eterna en un cuerpo resucitado están disponibles para todos, no todos la recibirán. Es lamentable, pero muchos no prestarán atención a la instrucción de *"No teman a los que quieren matarles el cuerpo; no pueden tocar el alma. Teman solo a Dios, quien puede destruir tanto el alma como el cuerpo en el infierno".*[51] Un terrible destino, de los cuales muchos son reacios a hablar, les espera a aquellos que optan por rechazar a Cristo Jesús.

Incluso antes de que alcancemos nuestro destino final de la vida eterna con Cristo o la condenación eterna en el infierno, nuestros cuerpos pueden ser habitados y/o influenciados por seres espirituales, ya sean buenos o malos. Numerosos relatos bíblicos hablan de ambos, encuentros angelicales y de la opresión demoníaca. Cuánto mejor es elegir lo recto y estar lleno de la presencia del Espíritu Santo; cuánto más lo es para nuestros cuerpos el mostrar evidencia de Él, como los creyentes lo hicieron en el Pentecostés; y el manifestar el fruto del Espíritu a medida que operamos en los dones del Espíritu.

6

EL ALMA DEL HOMBRE

A lo largo de los siglos la humanidad se ha expresado a través de la música, tratando de transmitir pensamientos, sentimientos y actitudes de una manera que puede ser más memorable que la palabra hablada. A partir de finales de 1950, un nuevo género musical surgió – el soul- su popularidad explotó en los años 60. Pero la palabra soul (alma), al igual que otras muchas palabras en nuestro idioma, tiene varios sinónimos, la mayoría de las cuales son insuficientes para expresar las profundidades ocultas de la música. Combinando elementos del gospel y rhythm y del blues, el soul originalmente ejemplifica la experiencia de la raza negra en los Estados Unidos, pero pronto no solo incluyeron el Motown soul, sino también soul ojos azules y marrones; soul lento y psicodélico; Detroit, Memphis, New Orleans, y el soul británico; soul del Norte y del Sur; este se expresa como el blues o el jazz o incluso la música disco.[52]

A medida que la música se transmitía a través de las estaciones de radios de los años 60's con Sam y Dave cantando: "I'm a soul man" (Yo soy un hombre soul)[53] o The Music Explotion (La Explosión Musical) cantando a todo pulmón las letras de "Little Bit of Soul" (Un poco de soul),[54] los adolescentes de la iglesia escuchando y cantando canciones como "Thank you Lord for saving my soul" (Gracias Señor por salvar mi alma)[55] "My soul in sad exile was out on life's sea" (mi alma triste exilio, estaba fuera en el mar de la vida)[56] o "He hideth my soul in the depths of His love and covers me there with His hand" (Él oculta mil alma en las profundidades de su amor y me cubre allí con su mano)[57] Para añadir a los mensajes contradictorios, esos mismos adolescentes entraron en la escuela secundaria y la universidad y comenzaron a estudiar temas como filosofía, psicología y religiones del mundo, sólo para descubrir que cada uno parecía tener una opinión diferente sobre el significado del alma.

Para el cristiano, la verdad de Dios con respecto a este asunto es preeminente. De hecho, se nos promete que *"conoceréis la verdad, y la verdad os hará libres."* [58] Entonces, ¿qué dice la Biblia acerca del alma?

Un estudio de la palabra en profundidad utilizando varios comentarios revelaría rápidamente que las raíces de la palabra alma (nephesh en OT hebreo, y psique en el NT griego) se presentan más de 850 veces en la Biblia y, al igual que la música soul, se expresan en inglés utilizando una variedad de sinónimos. Estos no sólo incluyen *alma*, sino también *vida, persona, criatura, apetito, mente, ser, ser uno mismo* y la lista sigue. Adicionalmente, cada una de las muchas versiones de la Biblia que están disponibles pueden traducir la misma raíz de la palabra de forma diferente. Interesante, sí; pero potencialmente abrumador también.

Así pues, imagínese esto – usted está solo en un lugar apartado, quizás incluso en una isla desierta, y no tiene nada que leer, solo una biblia de la versión Reina Valera. Usted es un creyente nuevo, y no ha tenido ninguna enseñanza acerca de las verdades de Dios. Lo más probable, sino es por aburrimiento, si no por otra cosa, usted finalmente recogerá la Biblia y comenzará a leerla; probablemente sólo como si fuera una novela, de principio a fin. Así que vamos a empezar en Génesis-Deuteronomio, comúnmente conocidos como los Libros de Moisés; la Ley; El Pentateuco; o para los judíos, la Torá; y buscará algunas de las cosas que el Espíritu Santo le pueda enseñar a través de la palabra escrita de Dios como se expresa en la versión Reina Valera.

- *"Miren, hay una pequeña aldea cerca. Por favor, déjenme ir allá; ¿no ven lo pequeña que es?... Así no perderé la vida,"* [59] Suplicando a Lot los ángeles le dijeron que huyera de Sodoma porque Dios estaba a punto de destruirla. Su sentir del alma indica que está vivo e implica que las circunstancias peligrosas amenazan con la muerte.

- Isaac, le dijo a Esaú que hacer *"Prepara mi comida preferida y tráemela aquí para que la coma. Entonces pronunciaré la bendición que te pertenece a ti, mi primer hijo varón, antes de que yo muera"*[60] deja en claro que el alma de uno solo puede actuar voluntariamente para bendecir a otra persona. La misma frase, bendiga, se repite tres veces a medida que continúa la cuenta.[61]

- Atracción y pertenencia puede ser expresada por el alma como se ilustra en la historia de sentimientos de Siquem por la hija de Jacob, Dinah.[62]

- Rachel murió durante el nacimiento de su hijo Benjamín y su alma fue descrita como que se marchó.[63]

- Después de que José se reveló a sí mismo a sus hermanos en Egipto, el pasado de sus hermanos se volvió en contra de ellos y sus almas estaban muy preocupadas mientras se decían unos a otros: *"Y hablando entre ellos, dijeron: Es obvio que estamos pagando por lo que le hicimos hace tiempo a José. Vimos su angustia cuando rogaba por su vida, pero no quisimos escucharlo. Por eso ahora tenemos este problema."*[64]

- Mientras Jacob pronunció sus últimas palabras a sus hijos, diciendo, *"Simeón y Leví son tal para cual; sus armas son instrumentos de violencia. Que jamás tome parte yo en sus reuniones; que nunca tenga nada que ver con sus planes.*[65] Es evidente que el mal consejo o la mala junta pueden influir en el alma.

Levítico, el libro en el que la ley de Dios se presenta para Su pueblo, incluye diez referencias del alma, indicando que puede ser afligida, expiada y que puede aborrecer individuos o cosas.[66]

Números, confirma que las almas pueden pecar contra ellas mismas, pueden llegar a desanimarse, pueden ser afectadas y pueden detestar cosas.[67]

Un nuevo concepto se introduce en Deuteronomio que se repite en toda la Biblia; el alma no sólo puede, sino que también se anima a buscar, amar y servir a Dios en cooperación con el corazón (o espíritu), y puede almacenar Sus palabras en el corazón y en el alma. Además, la vida y la abundancia son prometidas por tal obediencia.

> *Y el SEÑOR tu Dios circuncidará tu corazón y el corazón de tu descendencia, amando a JEHOVÁ tu Dios con todo tu corazón y con toda tu alma, para que vivas… El SEÑOR tu Dios te hará abundar toda obra de tus manos, el fruto de tu vientre, el fruto de tu bestia, y en el produce vuestra tierra para siempre. El Señor tu Dios se deleitará en ti si obedeces su voz y cumples los mandatos y los decretos escritos en este libro de instrucción, y si te vuelves al Señor tu Dios con todo tu corazón y con toda tu alma.[68]*

Por el contrario, sin embargo, hay terribles consecuencias cuando se toma la decisión de ser desobediente. *"En medio de esas naciones, no encontrarás paz ni lugar de descanso. Allí el Señor hará que te tiemble el corazón, que te falle la vista y que tu alma desfallezca."[69]*

Habiendo examinado el Pentateuco, mucho se ha descubierto sobre el alma:

- *El alma se asocia con la vida física y la muerte ocurre cuando se va.*
- *El alma experimenta emociones positivas y negativas.*
- *Otros pueden influir en el alma.*
- *El alma puede tomar decisiones para bendecir a otros, y puede buscar amor, y obedecer a Dios o no; puede pecar.*
- *La expiación puede ser hecha para el alma.*

En 1 Samuel, se nos dice que el alma de Jonatán quedó ligada al alma de David. Así que parece que el alma de una persona se puede unir a la de otra, en este caso de una devoción profunda y duradera en la que Jonathan amaba a David como a su propia alma.[70]

El sufrimiento plagó la vida de Job por un tiempo cuando lo perdió todo, excepto su vida. Por lo tanto, las referencias al alma en el libro de Job reflejan una enorme cantidad de angustia e incluye la maldición del alma, así como su envío o redención de la fosa.

- *¿Por qué dar luz a los desdichados, y vida a los amargados?[71]*
- *¿No se queja la gente cuando a la comida le falta sal? ¿Hay alguien que desee comer la insípida clara del huevo? Cuando la miro, mi apetito desaparece; ¡solo pensar en comerla me da asco![72]*
- *No puedo evitar hablar; debo expresar mi angustia. Mi alma llena de amargura debe quejarse.[73]*
- *Preferiría ser estrangulado; mejor morir que sufrir así.[74]*
- *Estoy harto de mi vida. Dejen que desahogue mis quejas abiertamente; mi alma llena de amargura debe quejarse.[75]*
- *¿Hasta cuándo me torturarán?[76]*
- *Y ahora la vida se me escapa.[77]*
- *No, nunca he pecado por maldecir a nadie ni por pedir venganza.[78]*
- *Están a las puertas de la muerte; los ángeles de la muerte los esperan.[79]*
- *Dios me rescató de la tumba y ahora mi vida está llena de luz.[80]*

Más de cien referencias acerca del alma en los Salmos y Proverbios reflejan las lecciones previas aprendidas previamente e introducen una nueva verdad. Incluso a medida que descubrimos que hay pruebas terribles y lugares que el alma puede experimentar, nosotros somos consolados por las maravillosas descripciones de cómo Dios nos rescata y nos ministra:

- *Pues tú no dejarás mi alma entre los muertos.[81]*
- *La ley del SEÑOR es perfecta que convierte el alma.[82]*

- *Él restaura mi alma.[83]*
- *OH SEÑOR; me libraste de caer en la fosa de la muerte.[84]*
- *Me gozaré y me alegraré en tu amor inagotable, porque has visto mis dificultades y te preocupas por la angustia de mi alma.[85]*
- *Los rescata de la muerte y los mantiene con vida en tiempos de hambre.[86]*
- *Pero en mi caso, Dios redimirá mi vida; me arrebatará del poder de la tumba.[87]*
- *Mis enemigos me tendieron una trampa; estoy cansado de tanta angustia. Cavaron un pozo profundo en mi camino, pero ellos mismos cayeron en la trampa.[88]*
- *Nuestra vida está en sus manos, él (Dios) cuida que nuestros pies no tropiecen.[89]*
- *Porque muy grande es tu amor por mí; me has rescatado de las profundidades de la muerte.[90]*
- *Si el SEÑOR no me hubiera ayudado, pronto me habría quedado en el silencio de la tumba. Cuando mi mente se llenó de dudas, tu consuelo renovó mi esperanza y mi alegría.[91]*
- *Siempre me conmueve el deseo de conocer tus ordenanzas.[92]*
- *Así es, las impetuosas aguas de su furia nos habrían ahogado hasta la vida misma. Escapamos como un pájaro de la trampa del cazador; ¡la trampa se rompió y somos libres![93]*
- *Sácame de la prisión para que pueda agradecerte. Los justos se amontonarán a mi alrededor, porque tú eres bueno conmigo.[94]*
- *Pues Dios conoce cada corazón y él te ve[95]*
- *La verdadera humildad y el temor del SEÑOR conducen a riquezas, a honor y a una larga vida. Los corruptos van por un camino espinoso y traicionero; el que aprecie la vida lo evitará.[96]*

Eclesiastés nos enseña que las cosas que hacemos por nosotros mismos, en nuestras propias fuerzas, no traen satisfacción al alma.

- *Un hombre podría tener cien hijos y llegar a vivir muchos años. Pero si no encuentra satisfacción en la vida y ni siquiera recibe un entierro digno, sería mejor para él haber nacido muerto.[97]*

- *Toda la gente se pasa la vida trabajando para tener qué comer, pero parece que nunca le alcanza.*[98]

Con más de treinta referencias al alma, los libros de los profetas confirman las lecciones ya aprendidas, e Isaías contrasta las consecuencias nefastas del alma al rechazar a Dios con las maravillas que Él provee a sus hijos.

- *La persona con hambre sueña con comida, pero se despierta todavía con hambre. La persona con sed sueña con beber, pero cuando llega la mañana, sigue desfallecida de sed. Así será con tus enemigos; con los que ataquen al Monte Sión.*[99]
- *El SEÑOR los guiará continuamente, les dará agua cuando tengan sed y restaurará sus fuerzas. Serán como un huerto bien regado, como un manantial que nunca se seca.*[100]
- *¡Me llené de alegría en el Señor mi Dios! Pues él me vistió con ropas de salvación y me envolvió en un manto de justicia. Soy como un novio vestido para su boda o una novia con sus joyas.*[101]

El Nuevo Testamento está lleno de historias de redención. Las lecciones anteriores siguen aplicando, pero ahora tenemos las palabras del mismo Jesús, dando advertencias, instrucciones y promesas; a menudo se citan escrituras del Antiguo Testamento.

- *No teman a los que quieren matarles el cuerpo; no pueden tocar el alma. Teman solo a Dios, quien puede destruir tanto el alma como el cuerpo en el infierno.*[102]
- *Pónganse mi yugo. Déjenme enseñarles, porque yo soy humilde y tierno de corazón, y encontrarán descanso para el alma.*[103]
- *Ama al Señor tu Dios con todo tu corazón, con toda tu alma, con toda tu mente y con todas tus fuerzas.*[104]

En la iglesia primitiva era evidente el concepto de almas unidas entre sí: *"Todos los creyentes estaban unidos de corazón y en espíritu. Consideraban que sus posesiones no eran propias, así que compartían todo lo que tenían."*[105]

Los escritores del Nuevo Testamento hablaron del poder de la palabra de Dios en el alma y la salvación del alma.

- *Pues la palabra de Dios es viva y poderosa. Es más cortante que cualquier espada de dos filos; penetra entre el alma y el espíritu, entre la articulación y la médula del hueso. Deja al descubierto nuestros pensamientos y deseos más íntimos.*[106]

- *Así que quiten de su vida todo lo malo y lo sucio, y acepten con humildad la palabra que Dios les ha sembrado en el corazón, porque tiene el poder para salvar su alma.*[107]

- *Ustedes aman a Jesucristo a pesar de que nunca lo han visto. Aunque ahora no lo ven, confían en él y se gozan con una alegría gloriosa e indescriptible.*[108]

Volviendo al principio en Génesis, una de las primeras lecciones que aprendí fue que el alma tiene que ver con el concepto de la vida, de un ser vivo. Y justamente, la Biblia termina con la declaración triunfante de las almas vivientes en Apocalipsis 20:4:

"Después vi tronos, y los que estaban sentados en ellos habían recibido autoridad para juzgar. Vi las almas de aquellos que habían sido decapitados por dar testimonio acerca de Jesús y proclamar la palabra de Dios. Ellos no habían adorado a la bestia ni a su estatua, ni habían aceptado su marca en la frente o en las manos. Volvieron a la vida, y reinaron con Cristo durante mil años."

Qué imagen indeleble de un alma comprometida con Dios; un alma que vence; un alma que ha resistido las pruebas y tentaciones de la vida; un alma que no se limita a uno de esos lugares oscuros horribles como el abismo, el Seol, o la muerte, pero que ¡vive la victoria en la misma presencia de Dios! Y las palabras de otra vieja canción vienen a mi mente, *"Valdrá la pena todo cuando veamos a Jesús; las pruebas de la vida parecerán tan pequeñas cuando veamos a Cristo..."*[109]

7

EL ESPÍRITU DEL HOMBRE

En los días de los rabbit ears (orejas de conejo) y la televisión en blanco y negro, las opciones de que ver eran limitadas. Pero un día, frío y lluvioso, fui afortunado de agarrar el final de George y Marion Kerby, dos fantasmas amantes de la diversión, tratando de hacer una buena acción que los sacara del limbo y los llevara al cielo. La película era *Topper*, y el hecho de que era de hace treinta años no frenó mi entusiasmo por la historia. Tal vez fue sólo porque estaba aburrido que me gustó tanto; o tal vez caí presa de la mística que rodea al concepto de espíritus que una vez habitaron los cuerpos humanos, en cuyo caso yo no estaba solo. *Topper*, lanzó dos secuelas en 1938 y 1941, una serie de televisión en 1953, y un cortometraje de televisión en 1973; y Topper no está solo en su capacidad de encantar a los espectadores con ideas acerca de lo que sucede después de la muerte. En *Carousel*, Billy Bigelow se alejó de la puerta del cielo hasta que su espíritu volvió a la tierra y alivió todo el sufrimiento que había causado en su vida. En *Here Comes Mr. Jordan*, rehecha en 1978 como *Heaven Can Wait*, el espíritu de una figura del deporte, que murió accidentalmente, es enviado a la tierra para habitar en el cuerpo de alguien cuyo tiempo se había acabado.[110] Y la lista continúa, ¿quién puede olvidar las últimas películas y series de televisión como Ghost, The Sixth Sense, or Medium? Pero, aunque puedan ser entretenidas estas presentaciones, ¿nos dan una idea exacta del espíritu del hombre? Desafortunadamente, muchas personas parecen integrar estas historias populares a sus propias creencias personales, tal vez porque se sienten tan bien y ofrecen explicaciones felices a preguntas desconcertantes. Sin embargo, el cristiano debe recurrir a la única verdad que es válida para obtener información con respecto al espíritu del hombre-la palabra de Dios.

Como hemos visto, la Biblia es clara en cuanto a que el hombre es un ser trino multidimensional que consta de tres partes: *"Ahora, que el Dios de paz los haga santos en todos los aspectos, y que todo su espíritu, alma y cuerpo se mantenga sin culpa hasta que nuestro Señor Jesucristo vuelva."*[111]

Algunas otras cosas están también claras:

- Dios es el creador del espíritu del hombre: *"El siguiente mensaje es del Señor, quien extendió los cielos, puso los cimientos de la tierra y formó el espíritu humano."*[112]
- No hay vida física sin el espíritu: *"Nadie puede retener su espíritu y evitar que se marche. Nadie tiene el poder de impedir el día de su muerte"*[113] Y *"Así como el cuerpo sin aliento está muerto, así también la fe sin buenas acciones está muerta."*[114]
- Afuera de Cristo, nuestro espíritu está muerto, o separado de Dios: *"Vivían en pecado, igual que el resto de la gente, obedeciendo al diablo —el líder de los poderes del mundo invisible —, quien es el espíritu que actúa en el corazón de los que se niegan a obedecer a Dios."*[115]

Entendemos el cuerpo, porque podemos verlo y tocarlo; y tenemos una razonable comprensión del alma, porque en general se entiende que tiene que ver con nuestra mente, voluntad y emoción. Pero, ¿qué pasa con el espíritu? Es mucho más esotérico, y cada "ismo" que existe parece ofrecer un punto de vista diferente sobre el mismo. Quizás parte de la confusión se debe a que existe el ser trino del hombre en un universo multidimensional del cual se tiene poca o ninguna comprensión. Muchos pueden asumir que si algo está fuera de las esferas del tiempo y el espacio en realidad no existe, pero es simplemente hacerles creer eso o bien es ciencia ficción. Donde existe tal ignorancia, el enemigo entra y crea confusión en la forma de superstición y de sistemas falsos de creencias. Ciertamente, a lo largo de los siglos, civilización tras civilización han caído en el paganismo; adorando espíritus invisibles de la luna, la cosecha, el sol, lo que fuera que les parecía importante a ellos; creando sus propias deidades espirituales porque no comprendían la verdad. Por desgracia, el mal no sólo existe en forma de espíritu, pero también trabaja horas extras para sesgar la comprensión de la humanidad del reino espiritual. El hombre puede ser habitado o poseído por espíritus malignos:

- *... Si viniere sobre él espíritu de celo.*[116]
- *Un espíritu malo se sobrepuso a Saúl.*[117]
- También hay espíritus perversos, falsos espíritus, espíritus mentirosos, espíritus inmundos, espíritus desafiantes, y todo tipo de espíritus malignos e impuros que traen la destrucción sobre la humanidad.[118]

Esa es la mala noticia; y al enemigo le encantaría que creamos que eso es todo lo que hay. PERO (y es un gran 'pero'), mientras que hay muchos tipos de espíritus, sólo la humanidad comparte la imagen de Dios; por lo que es razonable suponer que nuestro espíritu está destinado a ser un reflejo de Su imagen, y Su palabra nos muestra la verdad. El espíritu del hombre es la designación de ese aspecto de la existencia que no es corpórea e inmaterial. Su derivación del latín (al igual que con las palabras hebreas y griegas en la Biblia-*ruaj* y *pneuma*) denota soplar o respirar (Job 41:16; Is 25, 4). Así que el sustantivo *espíritu* significa aliento y vida. Dios, la fuente de toda vida, es el mismo Espíritu (Juan 4:24). Puso un espíritu dentro de todos los seres humanos para que pudieran tener comunión con Él, en Su reino y en Su naturaleza. La experiencia de

Jesucristo en un cristiano, se hace real cuando la persona experimenta el Espíritu de Jesucristo en su espíritu.[119]

¡Buenas noticias de verdad! La evidencia es clara en las Escrituras.

- Nosotros recibimos revelación a través de Su espíritu —cosas que el hombre solo no podría comprender. *"Empero Dios nos lo reveló a nosotros por el Espíritu: porque el Espíritu todo lo escudriña, aun lo profundo de Dios. Porque ¿quién de los hombres sabe las cosas del hombre, sino el espíritu del hombre que está en él? Así tampoco nadie conoció las cosas de Dios, sino el Espíritu de Dios. Y nosotros hemos recibido, no el espíritu del mundo, sino el Espíritu que es de Dios, para que conozcamos lo que Dios nos ha dado; Lo cual también hablamos, no con doctas palabras de humana sabiduría, mas con doctrina del Espíritu, acomodando lo espiritual a lo espiritual. Mas el hombre animal no percibe las cosas que son del Espíritu de Dios, porque le son locura: y no las puede entender, porque se han de examinar espiritualmente*[120]

- *Ciertamente espíritu hay en el hombre, E inspiración del Omnipotente los hace que entiendan.*[121]

- El Señor motiva nuestro espíritu para cumplir Su trabajo. *"Y despertó JEHOVÁ el espíritu de Zorobabel hijo de Sealtiel, gobernador de Judá, y el espíritu de Josué hijo de Josadac, gran sacerdote, y el espíritu de todo el resto del pueblo; y vinieron e hicieron obra en la casa de Jehová de los ejércitos, su Dios."*[122]

- *Porque todos los que son guiados por el Espíritu de Dios, los tales son hijos de Dios.*[123]

- *De prudente espíritu es el hombre entendido.*[124]

- *El ánimo del hombre soportará su enfermedad: Mas ¿quién soportará al ánimo angustiado?*[125]

- *Candela de Jehová es el alma del hombre, Que escudriña lo secreto del vientre.*[126]

- Juan el Bautista: *"Y el niño crecía, y fortalecíase."*[127]

- El poder de Dios sobre los malos espíritus es evidente, tanto Jesús como sus seguidores echaron fuera los malos espíritus: *"Y como fue ya tarde, trajeron a él muchos endemoniados: y echó los demonios con la palabra, y sanó a todos los enfermos."*[128]

- El fruto del Espíritu de Dios está disponible dentro de nuestros espíritus: *"Mas el fruto del Espíritu es: caridad, gozo, paz, tolerancia, benignidad, bondad, fe, mansedumbre, templanza: contra tales cosas no hay ley."*[129]

Dios es tan misericordioso que nos facilita toda instrucción y buenos ejemplos necesarios para hacer frente a cualquier cosa, incluyendo los asuntos espirituales, si sólo buscamos Su verdad.

- *La soberbia del hombre le abate; Pero al humilde de espíritu sustenta la honra.*[130]

- *¿Qué pues? Oraré con el espíritu, más oraré también con entendimiento; cantaré con el espíritu, más cantaré también con entendimiento.*[131]

- *Hermanos, si alguno fuere tomado en alguna falta, vosotros que sois espirituales, restaurad al tal con el espíritu de mansedumbre; considerándote a ti mismo, porque tú no seas también tentado.*[132]

- José estaba tan rendido a Dios que incluso el rey pagano reconoció que: *"Y dijo Faraón a sus siervos: ¿Hemos de hallar otro hombre como éste, en quien haya espíritu de Dios?"*[133]

- Daniel fue presentado a Belsasar como: *"En tu reino hay un varón, en el cual mora el espíritu de los dioses santos; y en los días de tu padre se halló en él luz e inteligencia y sabiduría, como ciencia de los dioses."*[134]

- La vida de Bernabé retrata cómo la evangelización surge de la llenura del Espíritu de Dios, *"Porque era varón bueno, y lleno de Espíritu Santo y de fe: y mucha compañía fue agregada al Señor."*[135]

- *Hermanos, si alguno fuere sorprendido en alguna falta, vosotros que sois espirituales restauren al hermano con espíritu de mansedumbre, no sea que tú también seas tentado.*[136]

- Debemos discernir las cosas espirituales: *"Amados, no creáis a todo espíritu, sino probad los espíritus si son de Dios; porque muchos falsos profetas son salidos en el mundo."*[137]

Sí, estamos para probar los espíritus; así que aquí estamos, de vuelta con las películas. ¿Qué pasa con todo eso? ¿Está bien hablar con los muertos? ¿Nuestros espíritus tienen oportunidades para volver y hacer las cosas bien después de morir? Una vez más, la Biblia es específica. El rey Saúl, estaba tan desesperado por una palabra profética que hizo una muy mala decisión que le costó mucho. El recuento de todo está relatado aquí, porque es muy relevante para el día de hoy.

Ya durante ese tiempo, Samuel había muerto y todo Israel había hecho duelo por él. Fue enterrado en Ramá, su ciudad natal. Saúl había expulsado del territorio de Israel a todos los médiums y a todos los que consultaban los espíritus de los muertos. Los filisteos montaron su campamento en Sunem, y Saúl reunió a todo el ejército de Israel y acampó en Gilboa. Cuando Saúl vio al inmenso ejército filisteo, tuvo miedo y se aterrorizó. Entonces le preguntó al Señor qué debía hacer, pero el Señor rehusó contestarle ya fuera por sueños o por sorteo sagrado o por medio de los profetas. Así que Saúl les dijo a sus consejeros: —Busquen a una mujer que sea médium, para ir y preguntarle qué hacer. Sus consejeros le respondieron: —Hay una médium en Endor. Entonces Saúl se disfrazó con ropa común en lugar de ponerse las vestiduras reales y fue a la casa de la mujer por la noche, acompañado de dos de sus hombres. —Tengo que hablar con un hombre que ha muerto —le dijo—. ¿Puedes invocar a su espíritu para mí? —¿Está tratando de que me maten? —preguntó la mujer—. Usted sabe que Saúl ha expulsado a todos los médiums y a todos los que consultan los espíritus de los muertos. ¿Por qué me tiende una trampa? Pero Saúl le hizo un juramento en el nombre del Señor y le prometió: —Tan cierto como que el Señor vive, nada malo te pasará por hacerlo. Finalmente, la mujer dijo: —Bien, ¿el espíritu de quién quiere que invoque? —Llama a Samuel —respondió Saúl. Cuando la mujer vio a Samuel, gritó —¡Me engañó! ¡Usted es Saúl! —No tengas miedo —le dijo el rey—. ¿Qué es lo que ves? —Veo a un dios subiendo de la tierra —dijo ella —¿Qué aspecto tiene? —preguntó Saúl. —Es un hombre anciano envuelto en un manto —le contestó ella. Saúl se dio cuenta de que era Samuel, y se postró en el suelo delante de él. —¿Por qué me molestas, llamándome a regresar? —le preguntó Samuel a Saúl. —Porque estoy en graves dificultades —contestó Saúl—. Los filisteos están en guerra conmigo y Dios me ha dejado y no me responde ni por medio de profetas ni por sueños, entonces te llamé para que me digas qué hacer. Pero Samuel respondió: —¿Por qué me preguntas a mí, si el Señor te abandonó y se ha vuelto tu enemigo? El Señor ha hecho exactamente lo que dijo que haría. Te ha arrancado el reino y se lo dio a tu rival, David. Hoy el Señor te ha hecho esto porque rehusaste llevar a cabo su ira feroz contra los amalecitas. Además, el Señor te entregará a ti y al ejército de Israel en manos de los filisteos, y mañana tú y tus hijos estarán aquí conmigo. El Señor derribará al ejército de Israel y caerá derrotado. Entonces Saúl cayó al suelo cuan largo era, paralizado por el miedo a causa de las palabras de Samuel. También estaba desfallecido de hambre, porque no había comido nada en todo el día ni en toda la noche. Cuando la mujer lo vio tan deshecho, le dijo: Señor, obedecí sus órdenes a riesgo de mi vida. Ahora haga lo que digo, y déjeme que le dé algo de comer para que pueda recuperar sus fuerzas para el viaje de regreso. Pero Saúl se negó a comer. Entonces sus consejeros también le insistieron que comiera. Así que finalmente cedió, se levantó del suelo y tomó asiento. La mujer había estado engordando un becerro, así que fue con rapidez y lo mató. Tomó un poco de harina, la amasó y horneó pan sin levadura. Entonces les llevó la comida a Saúl y a sus consejeros, y comieron. Después salieron en la oscuridad de la noche.[138]

La opinión de Dios acerca del hombre que busca sobre los espíritus de los muertos es muy clara: *"Los hombres o las mujeres entre ustedes que actúen como médiums o que consulten a los espíritus de los muertos, deberán morir apedreados. Son culpables de un delito de muerte."*[139] Y Él no concede segundas oportunidades después de la muerte, *"Y así como cada persona está destinada a morir una sola vez y después vendrá el juicio."*[140]

Pero una vez más, tenemos muy buenas noticias: *"así también Cristo fue ofrecido una sola vez para llevar los pecados de muchos; y aparecerá por segunda vez, sin relación con el pecado, para salvar a los que le esperan."*[141] Jesús es de nuevo la respuesta a toda pregunta, ya sea en cuanto a las cosas de este mundo, o las cosas del reino espiritual de los que tenemos tan poco entendimiento. Y se pone mejor porque tenemos la increíble promesa de Dios: *"Ustedes estaban muertos a causa de sus pecados y porque aún no les habían quitado la naturaleza pecaminosa. Entonces Dios les dio vida con Cristo al perdonar todos nuestros pecados. Él anuló el acta con los cargos que había contra nosotros y la eliminó clavándola en la cruz. De esa manera, desarmó a los gobernantes y a las autoridades espirituales. Los avergonzó públicamente con su victoria sobre ellos en la cruz."*[142]

8

LOS ASUNTOS DEL CORAZÓN

¿Alguna vez has jugado al juego de asociación de palabras, en el que cada persona debe indicar la primera palabra que se le viene a la mente cuando se menciona una palabra? El resultado final puede ser divertido al ver como la palabra original se transforma en algo completamente diferente y totalmente inesperado, y cuantos más jugadores, más raro se pone. La asociación de palabras también podría ser una herramienta que un psicólogo usaría en un intento de aprender más acerca de los problemas subyacentes de un paciente; o por un investigador de mercado, en un esfuerzo por asegurar el mensaje adecuado que es transportado en la promoción de un producto.

¿Qué es lo primero que viene a la mente ante la mención de la palabra corazón? Si usted acaba de ser abandonado por el amor de su vida, puede que su corazón este *roto*. Alrededor del 14 de febrero, es posible que usted responda *San Valentín* o flores, algo que tenga que ver con expresar amor. Pero si usted es un paciente con problemas cardíacos, es más probable que usted piense en palabras tales como *angina de pecho, marcapasos, bypass, hospital, medicina, miedo* o *muerte.* Todo depende del punto de referencia individual. En la comunicación escrita o verbal, el contexto general, define el significado del corazón. Fácilmente diferenciamos entre el órgano físico que golpea en nuestros pechos y una imagen en forma de corazón en un día de San Valentín; una referencia central de algo, como en los corazones de alcachofa; o una representación de los sentimientos o emociones de uno. Por lo tanto, no debería ser una sorpresa que, en la comunicación cotidiana, la Biblia también se refiere al corazón en una variedad de formas que validan nuestra experiencia personal.

En el día sexto de la creación *"Hagamos a los seres humanos a nuestra imagen, para que sean como nosotros. Ellos reinarán sobre los peces del mar, las aves del cielo, los animales domésticos, todos los animales salvajes de la tierra y los animales pequeños que corren por el suelo. Así que Dios creó a los seres humanos a su propia imagen. A imagen de Dios los creó; hombre y mujer los creó... Entonces Dios miró todo lo que había hecho, ¡y vio que era muy bueno!"*[143]¿Cuáles fueron esas últimas palabras de nuevo? *"y vio que era muy bueno."* Así que triste es que en sólo diez generaciones el comentario fue, *"El SEÑOR vio la magnitud de la maldad humana en la tierra y que todo lo que la gente pensaba o imaginaba era siempre y totalmente malo. Entonces el SEÑOR lamentó haber creado al ser humano y haberlo puesto sobre la tierra. Se le partió el corazón."*[144]

La intención original de Dios era que el corazón del hombre refleje el suyo, pero se corrompió rápidamente una vez que Adán y Eva tomaron la decisión de desobedecer, y al parecer el corazón se convirtió en el campo de batalla del bien contra el mal. Por un lado, Jesús murió por nosotros para que, *"Entonces Cristo habitará en el corazón de ustedes a medida que confíen en él."* [145] Sin embargo, por el otro lado... *"pero viene el diablo, se lo quita del corazón e impide que crean y sean salvos."*[146] Las escrituras arrojan luz sobre los asuntos del corazón, con Dios siempre haciendo un camino para que la humanidad se reconcilie con Él, y el mal siempre maquinando como arruinar las cosas:

- *Y haré un pacto eterno con ellos: nunca dejaré de hacerles bien. Pondré en el corazón de ellos el deseo de adorarme, y nunca me dejarán.[147]*

- *Entonces Pedro le dijo: "Ananías, ¿por qué has permitido que Satanás llenara tu corazón? Le mentiste al Espíritu Santo y te quedaste con una parte del dinero."[148]*

- *Una de ellas era Lidia, de la ciudad de Tiatira, una comerciante de tela púrpura muy costosa, quien adoraba a Dios. Mientras nos escuchaba, el Señor abrió su corazón y aceptó lo que Pablo decía.[149]*

- *Tales personas no sirven a Cristo nuestro Señor; sirven a sus propios intereses. Con palabras suaves y halagos, engañan a la gente inocente.[150]*

- *Pues Dios les ha puesto un plan en la mente, un plan que llevará a cabo los propósitos de Dios. Ellos estarán de acuerdo en entregarle a la bestia escarlata la autoridad que tienen, y así se cumplirán las palabras de Dios.[151]*

- *Una persona buena produce cosas buenas del tesoro de su buen corazón, y una persona mala produce cosas malas del tesoro de su mal corazón. Lo que uno dice brota de lo que hay en el corazón.[152]*

Pero ¿cuál es el contexto de la palabra corazón que la Biblia usa tan frecuentemente, de hecho más de 900 veces? El Sr. Spock y otros pensadores de lóbulo izquierdo, muy lógicos, podrían tener una enorme cantidad de dificultades con el término -para ellos, *corazón* significa el órgano físico que está latiendo en nuestros pechos, y el concepto de un corazón inmaterial es ilógico y no tiene ningún sentido. Pero seguro que Dios no quiere traer confusión con Su palabra, así que vamos a examinarlo para obtener algunas pistas en cuanto a la definición y función del corazón.

Ya hemos determinado que el hombre es un ser trino -cuerpo, alma y espíritu- así que ¿dónde se ubica el corazón? En el aspecto físico como una parte del cuerpo es obvio; no tanto lo intangible o espiritual. ¿El espíritu reside en el alma o en ambos? Las escrituras nos indican claramente la respuesta, pero no hay evidencia donde dice que el corazón está presente en cada aspecto de la persona.

1. El corazón no parece ser exclusivamente una parte del alma. Las escrituras repetidamente enlistan a los dos por separado, como cuando se nos anima a buscar o servir al Señor con el corazón y el alma,[153] lo que podría implicar que el corazón debe existir en el espíritu.

2. La Biblia usa las palabras *espíritu* y *corazón* frecuentemente de tal manera, implicando que el corazón está estrechamente asociado con el espíritu.

3. Si bien la implicación podría ser que el corazón reside dentro del espíritu, un caso podría ser que reside en el alma también. Si la palabra *corazón* en cualquiera de las siguientes escrituras podría referirse al alma, entonces los versos podrían estar refiriéndose al alma y al espíritu.

a) Todos aquellos con el corazón motivado y el espíritu conmovido.[154]

b) Pero Sehón, rey de Hesbón, no nos permitió cruzar, porque el Señor Dios de ustedes hizo que Sehón se pusiera terco y desafiante, a fin de ayudarlos a derrotarlo, tal como lo hizo.[155]

c) ...desfalleció su corazón; y hay más tiempo había espíritu en ellos a causa de los hijos de Israel.[156]

d) Crea en mí un corazón limpio, oh Dios, y renueva un espíritu recto dentro de mí.[157]

e) Los sacrificios de Dios son el espíritu quebrantado; y de corazón contrito estos, oh Dios, no despreciarás tú.[158]

f) Me acordaba de mis canciones de noche; Medito en mi corazón, y mi espíritu se hace una búsqueda diligente.[159]

g) Por lo tanto mi espíritu se angustiaba dentro de mí; Mi corazón dentro de mí está angustiado.[160]

h) El corazón alegre hermosea el rostro alegre, pero por el dolor del corazón el espíritu se abate.[161]

i) El Alto y Majestuoso que vive en la eternidad, el Santo, dice: Yo vivo en el lugar alto y santo con los de espíritu arrepentido y humilde. Restauro el espíritu destrozado del humilde y reavivo el valor de los que tienen un corazón arrepentido.[162]

j) Deja atrás tu rebelión y procura encontrar un corazón nuevo y un espíritu nuevo. ¿Por qué habrías de morir, oh pueblo de Israel?[163]

k) Les daré un corazón nuevo y pondré un espíritu nuevo dentro de ustedes. Les quitaré ese terco corazón de piedra y les daré un corazón tierno y receptivo[164]

l) Sin embargo, cuando su corazón y su mente se llenaron de arrogancia, le fue quitado el trono real y se le despojó de su gloria.[165]

m)... más bien que sea la persona, el del corazón, en el incorruptible ornato de un espíritu afable y apacible, que es de grande estima delante de Dios.[166]

Es muy posible que el corazón no exista en cada parte de nuestro ser- cuerpo, alma y espíritu. Pero, independientemente de dónde se encuentre, una cosa es muy clara; el corazón, en su estado caído *"es lo más engañoso que hay, y extremadamente perverso."*[167]

9

LAS CONDICIONES DEL CORAZÓN

A menudo fantaseamos y nos reímos del concepto de un corazón malo, disfrutando de cuentos de piratas, corazón negro y caballeros negros malvados, o bromeando acerca de alguien que tiene un corazón frío o duro. Una de nuestras canciones cuando estaba con Sweet Adelines (organización mundial de mujeres cantantes, establecida en 1945), fue "Hard Hearted Hannah" -ella era descripta como el vampiro de Savannah, la chica más mala de la ciudad; tenía una gran reputación por amar y dejar a todos los hombres que tenían la mala suerte de encontrarse con ella. Era divertido cantar y ver la coreografía que le agregábamos a la canción, pero por desgracia, no era un tema para reírse. No hay nada tan serio en la vida como un corazón duro donde las consecuencias son fatales.

- El Faraón endureció su corazón repetidamente cuando había alivio de las plagas, hasta que finalmente, Dios lo hizo una condición permanente.[168]
- *Porque el Señor les endureció el corazón y los hizo pelear contra los israelitas. Así que fueron totalmente destruidos sin compasión, tal como el Señor le había ordenado a Moisés.*[169]
- *Por la mañana, cuando Nabal estaba sobrio, su esposa le contó lo que había sucedido. Como consecuencia tuvo un derrame cerebral y quedó paralizado en su cama como una piedra.*[170]

- *Sin embargo, cuando su corazón y su mente se llenaron de arrogancia, le fue quitado el trono real y se le despojó de su gloria.*[171]

- *El Señor dice: "No endurezcan el corazón como lo hizo Israel en Meriba, como lo hizo el pueblo en el desierto de Masá. Allí sus antepasados me tentaron y pusieron a prueba mi paciencia, a pesar de haber visto todo lo que hice. Durante cuarenta años estuve enojado con ellos y dije, 'Son un pueblo cuyo corazón se aleja de mí; rehúsan hacer lo que les digo'. Así que en mi enojo juré: Ellos nunca entrarán en mi lugar de reposo."*[172]

- *Pero los tercos van directo a graves problemas.*[173]

- *Endurecieron su corazón como la piedra para no oír las instrucciones ni los mensajes que el Señor de los Ejércitos Celestiales les había enviado por su Espíritu por medio de los antiguos profetas. Por eso el Señor de los Ejércitos Celestiales se enojó tanto con ellos.*[174]

- *Jesús miró con enojo a los que lo rodeaban, profundamente entristecido por la dureza de su corazón...*[175]

- *Porque todavía no entendían el significado del milagro de los panes. Tenían el corazón demasiado endurecido para comprenderlo.*[176]

- *Incluso más tarde, se apareció a los once discípulos mientras comían juntos. Los reprendió por su obstinada incredulidad, porque se habían negado a creer a los que lo habían visto después de que resucitó.*[177]

- *Pero eres terco y te niegas a arrepentirte y abandonar tu pecado, por eso vas acumulando un castigo terrible para ti mismo. Pues se acerca el día de la ira, en el cual se manifestará el justo juicio de Dios.*[178]

Considere y contraste el corazón blando, flexible y receptivo, tal y como Dios quiere que sea:

- *"Estabas apenado y te humillaste ante Dios al oír las palabras que él pronunció contra la ciudad y sus habitantes... Ciertamente te escuché", dice el Señor.*[179]

- *Obedece mis mandatos y vive! Guarda mis instrucciones tal como cuidas tus ojos. Átalas a tus dedos como un recordatorio; escríbelas en lo profundo de tu corazón.*[180]

- *El sabio con gusto recibe instrucción.*[181]

- *La paz en el corazón da salud al cuerpo.*[182]

- *El corazón del rey es como un arroyo dirigido por el Señor, quien lo guía por donde Él quiere.*[183]

- *Así como el rostro se refleja en el agua, el corazón refleja a la persona tal como es.*[184]

- *Quienes lo obedezcan no serán castigados. Los sabios encontrarán el momento y la forma de hacer lo correcto.*[185]

- *El clamor de mi corazón por Moab es como el lamento de un arpa.*[186]

- *Resplandecerán tus ojos y tu corazón se estremecerá de alegría.*[187]

- *Les daré un corazón nuevo y pondré un espíritu nuevo dentro de ustedes. Les quitaré ese terco corazón de piedra y les daré un corazón tierno y receptivo.*[188]

- *Les daré un corazón que me reconozca como el Señor. Ellos serán mi pueblo y yo seré su Dios, porque se volverán a mí de todo corazón.*[189]

- *Pero este es el nuevo pacto que haré con el pueblo de Israel en ese día, dice el Señor: Pondré mis leyes en su mente y las escribiré en su corazón. Yo seré su Dios, y ellos serán mi pueblo.*[190]

- *¡Todo el que crea en mí puede venir y beber! Pues las Escrituras declaran: "De su corazón, brotarán ríos de agua viva".*[191]

- *Pero nunca las dejó sin pruebas de sí mismo y de su bondad. Por ejemplo, les envía lluvia y buenas cosechas, y les da alimento y corazones alegres.*[192]

Cuando hablamos de "llegar a los asuntos del corazón" generalmente se entiende como que queremos descubrir un tema central, y parece que el corazón es de hecho el tema central de nuestras vidas. Es aquí donde nuestras verdaderas motivaciones e intenciones se ocultan, sin ser vistas por nadie excepto por Dios mismo. Es aquí donde se inician nuestras acciones. Es aquí donde guardamos nuestros tesoros, como si estuvieran escondidos en una bóveda bancaria. Es aquí que experimentamos tanto la condenación como la redención.

- *Todos aquellos con el corazón motivado y el espíritu conmovido regresaron con ofrendas sagradas al Señor. Trajeron todos los materiales que se necesitaban para levantar el tabernáculo, para realizar las ceremonias y para confeccionar las vestiduras sagradas. Vinieron todos los que tenían el corazón dispuesto, tanto hombres como mujeres, y trajeron al Señor sus ofrendas de oro: broches, aretes, anillos y collares. Presentaron toda clase de objetos de oro como una ofrenda especial para el SEÑOR.[193]*

- *Pero el Señor le dijo a Samuel: No juzgues por su apariencia o por su estatura, porque yo lo he rechazado. El Señor no ve las cosas de la manera en que tú las ves. La gente juzga por las apariencias, pero el Señor mira el corazón.[194]*

- *Pero después de haber levantado el censo, a David le comenzó a remorder la conciencia, y le dijo al Señor: "He pecado grandemente por haber hecho este censo. Señor, te ruego que perdones mi culpa por haber cometido esta tontería."[195]*

- *Dicen mientras traman sus delitos: ¡Hemos orquestado el plan perfecto! Es cierto, el corazón y la mente del ser humano son astutos.[196]*

- *Pues los necios hablan necedades y hacen planes malvados; practican la impiedad y difunden enseñanzas falsas acerca del Señor; privan de alimento a los hambrientos y no dan agua a los sedientos.[197]*

- *¡Camada de víboras! ¿Cómo podrían hombres malvados como ustedes hablar de lo que es bueno y correcto? Pues lo que está en el corazón determina lo que uno dice. Una persona buena produce cosas buenas del tesoro de su buen corazón, y una persona mala produce cosas malas del tesoro de su mal corazón.[198]*

- *Pero las palabras que ustedes dicen provienen del corazón; eso es lo que los contamina. Pues del corazón salen los malos pensamientos, el asesinato, el adulterio, toda inmoralidad sexual, el robo, la mentira y la calumnia.*[199]

- *En ese mismo instante, Jesús supo lo que pensaban, así que les preguntó: "¿Por qué cuestionan eso en su corazón?"*[200]

- *Jesús contestó: — ¡Hipócritas! Isaías tenía razón cuando profetizó acerca de ustedes, porque escribió: "Este pueblo me honra con sus labios, pero su corazón está lejos de mí."*[201]

- *Todos esperaban que el Mesías viniera pronto, y tenían muchas ganas de saber si Juan era el Mesías.*[202]

- *Porque donde esté tu tesoro, allí estarán también los deseos de tu corazón.*[203]

- *Y debido a que somos sus hijos, Dios envió al Espíritu de su Hijo a nuestro corazón, el cual nos impulsa a exclamar ¡Abba, Padre!*[204]

- *Así que no juzguen a nadie antes de tiempo, es decir, antes de que el Señor vuelva. Pues él sacará a la luz nuestros secretos más oscuros y revelará nuestras intenciones más íntimas. Entonces Dios le dará a cada uno el reconocimiento que le corresponda.*[205]

- *...En cambio, vístanse con la belleza interior, la que no se desvanece, la belleza de un espíritu tierno y sereno, que es tan precioso a los ojos de Dios.*[206]

- *Aun si nos sentimos culpables, Dios es superior a nuestros sentimientos y Él lo sabe todo. Queridos amigos, si no nos sentimos culpables, podemos acercarnos a Dios con plena confianza.*[207]

A lo largo de las escrituras encontramos versos contrastando el corazón justo y el corazón impío. Tiene sentido que el hombre eligiera describir su corazón como leal, alineado, dispuesto, fiel, alegre, perfecto, o alegre en lugar de un corazón presumido, orgulloso, malvado, mentiroso, arrogante, perverso, o altivo; pero al parecer eso no es el caso. En lugar de hacer caso a la advertencia repetida de *"Ama al Señor tu Dios con todo tu corazón, con toda tu alma, con toda tu mente y con todas tus fuerzas"*[208] muchos *"nos hemos extraviado como ovejas; hemos dejado los caminos de Dios para seguir los nuestros".*[209] Y que triste es esto, porque sin la redención del corazón, la persona vivirá en un estado de quebrantamiento, con los defectos espirituales afectándole la vida día a día en el mundo físico.

- *Estoy agotado y totalmente destrozado; mis gemidos salen de un corazón angustiado.*[210]

- *Sus insultos me han destrozado el corazón, y estoy desesperado. Si al menos una persona me tuviera compasión; si tan solo alguien volviera y me consolara.*[211]

- *El corazón contento alegra el rostro; el corazón quebrantado destruye el espíritu.*[212]

- *El corazón alegre es una buena medicina, pero el espíritu quebrantado consume las fuerzas.*[213]

- *Mi corazón está destrozado debido a los falsos profetas, y me tiemblan los huesos. Me tambaleo como un borracho, como alguien dominado por el vino, debido a las santas palabras que el Señor ha pronunciado contra ellos.*[214]

- *¡Hijo de hombre, gime delante del pueblo! Gime ante ellos con amarga angustia y el corazón destrozado.*[215]

- *El corazón de los israelitas es inconstante; ellos son culpables y deben ser castigados. El Señor derribará sus altares y hará pedazos sus columnas sagradas.*[216]

Haríamos bien en prestar atención a la palabra de Dios en lo que se refiere al corazón; y ya sea en el contexto del Antiguo o del Nuevo Testamento, el mensaje sigue siendo el mismo.

Lo hago tanto contigo, que hoy estás en la presencia del Señor tú Dios, como también con las generaciones futuras, que no están aquí hoy... Hago este pacto contigo, para que nadie —hombre o mujer, clan o tribu— se aparte del Señor nuestro Dios para rendir culto a esos dioses de otras naciones, y para que ninguna raíz produzca frutos amargos y venenosos en medio de ti. Los que oyen las advertencias de esta maldición no deberían confiarse demasiado y pensar: "Estoy a salvo, a pesar de que sigo los deseos de mi corazón terco". ¡Eso los llevaría a la ruina total! Y el Señor jamás perdonará a los que piensan así. Por el contrario, su enojo y su celo arderán contra ellos. Les caerán encima todas las maldiciones escritas en este libro, y el SEÑOR borrará sus nombres de la faz de la tierra.[217]

En realidad, dice, El mensaje está muy al alcance de la mano, está en tus labios y en tu corazón. Y ese mensaje es el mismo mensaje que nosotros predicamos acerca de la fe: Si declaras abiertamente que Jesús es el Señor y crees en tu corazón que Dios lo levantó de los muertos, serás salvo. Pues es por creer en tu corazón que eres declarado justo a los ojos de Dios y es por declarar abiertamente tu fe que eres salvo.[218]

¡No puede ser más claro que esto!

10

LA VOLUNTAD

Con el perdón de los lingüistas que aman el estudio de la gramática, debo confesar que yo odiaba las interminables horas de formar oraciones y el estudio de las diferencias entre los sustantivos, verbos, adjetivos, adverbios, conjunciones, artículos, frases, oraciones, párrafos, puntos, comas, signos de exclamación y preguntas, asteriscos, paréntesis, dos puntos, punto y coma... Incluso la última oración que parecía que nunca terminaría, ¿no era así? Pero supongo que debo agradecer aun a regañadientes a la Sra. Light, el Sr. Bruneli y a todos aquellos otros profesores que inculcaron dicho conocimiento en mi cabeza; porque sin ella, la comprensión precisa de nuestra lengua en su forma escrita sería muy difícil. Ya sea el desciframiento de un documento legal, una lectura divertida de una novela corta, una lectura curiosa de noticias, o un estudio profundo de la Biblia; en cada área la gramática es importante. Consideremos la palabra *voluntad*. Puede ser usado como sustantivo, lo cual se refiere a una persona, lugar, cosa, o acción; un verbo, que expresa existencia, acción o suceso; o, en una de sus otras formas, como voluntad, voluntarioso, dispuestos o voluntariamente, puede ser un adjetivo, adverbio, o participio (¡vamos a dejar esas definiciones para los lingüistas!). *Voluntad* también podría indicar pasado, presente o futuro. Afortunadamente para nosotros, por lo general comprendemos el significado de la palabra de acuerdo al contexto- en el lenguaje cotidiano es bastante obvio si la palabra es descriptiva o activa. Sin embargo, para los propósitos de esta discusión, veamos primero cómo se utiliza gramaticalmente la palabra *voluntad* como sustantivo en el idioma Inglés. Una vez que sepamos esto, todas las repeticiones tienen aún más sentido, y podremos obtener una mejor comprensión de lo que Dios tiene que decir acerca de la *voluntad* en Su Palabra.

En 1928, Noah Webster describió la palabra *voluntad* como:

> Es la facultad de la mente por la cual se determina, ya sea para hacer u omitir una acción; la facultad que se ejerce a la hora de decidir entre dos o más objetos, cuál deberíamos alcanzar o buscar. La *voluntad* está dirigida o influenciada por el juicio. El entendimiento o razón compara diferentes objetos, que funcionan como un motivo; el juicio mental determina que es mejor, y la *voluntad* decide lo que se ha de perseguir. En otras palabras razonamos con respecto al valor o la importancia de las cosas; luego juzgamos lo que es preferible; y tomaremos (bajo nuestra *voluntad*) el más valioso.[219]

Cabe señalar que, si bien estas acciones son comúnmente pensadas como originadas del intelecto o el alma del hombre, también pueden provenir del espíritu; y, ya que hemos sido creados a imagen de Dios, ellas reflejan Su capacidad para razonar, el juicio y la voluntad. El hombre tiene una voluntad que es evidentemente clara en las Escrituras:

- *¿Cuál de los dos obedeció al padre? Ellos contestaron: —"El primero."*[220]
- *Por lo tanto, es Dios quien decide tener misericordia. No depende de nuestro deseo ni de nuestro esfuerzo.*[221]
- *Pues un anciano es un administrador de la casa de Dios, y debe vivir de manera intachable. No debe ser arrogante, ni iracundo, ni emborracharse, ni ser violento, ni deshonesto con el dinero.*[222]

- *Ni por iniciativa humana. Al contrario, fue el Espíritu Santo quien impulsó a los profetas y ellos hablaron de parte de Dios.*[223]

- *No permitas que caiga en sus manos. Pues me acusan de cosas que nunca hice; cada vez que respiran, me amenazan con violencia.*[224]

Se hace referencia a la voluntad de Dios repetidamente:

- *Pues todo el que hace la voluntad de mi Padre que está en el cielo es mi hermano y mi hermana y mi madre.*[225]

- *Y el Padre, quien conoce cada corazón, sabe lo que el Espíritu dice, porque el Espíritu intercede por nosotros, los creyentes, en armonía con la voluntad de Dios.*[226]

- *No imiten las conductas ni las costumbres de este mundo, más bien dejen que Dios los transforme en personas nuevas al cambiarles la manera de pensar. Entonces aprenderán a conocer la voluntad de Dios para ustedes, la cual es buena, agradable y perfecta.*[227]

- *Traten de agradarlos todo el tiempo, no solo cuando ellos los observan. Como esclavos de Cristo, hagan la voluntad de Dios con todo el corazón.*[228]

La *voluntad* puede tener que ver con la disposición, inclinación o deseo; y necesitamos orar, como en la Oración del Señor, *Padre nuestro que estás en el cielo, que sea siempre santo tu nombre. Que tu reino venga pronto. Que se cumpla tu voluntad en la tierra como se cumple en el cielo.*[229]

También deberíamos buscar Su voluntad como lo hizo Jesús en el Huerto de Getsemaní, Él se apartó, *"se arrodilló y oró diciendo: '¡Padre mío! Si es posible, que pase de mí esta copa de sufrimiento. Sin embargo, quiero que se haga tu voluntad, no la mía.'"*[230]

Todos hemos visto las representaciones en los dibujos animados de una persona con un ángel en un hombro y un diablo en el otro - cada uno trabajando para influir en la voluntad del individuo. Es divertido, sí; pero también es un buen ejemplo de la batalla en curso a la que nos enfrentamos entre las buenas y las malas decisiones- las decisiones de la voluntad. Podemos imitar la voluntad de Dios o la voluntad del mal; y deberíamos ser conscientes de que con las decisiones que no son de Dios vienen consecuencias devastadoras, mientras que las decisiones de Dios nos permiten cosechar una multitud de bendiciones.

- Fuera de un acto de su voluntad, Adán y Eva establecieron un precedente, convirtiéndose en el primer ejemplo de las consecuencias del mal uso del libre albedrío. Decidieron voluntariamente comer del fruto que Dios había prohibido, dándole lugar no solo a su expulsión del Jardín, sino también a la maldición de muerte sobre todos los que los seguirían.[231]

- Pero los fariseos y los expertos en la ley religiosa no aceptaron el plan de Dios para ellos,[232] y Jesús denunció los actos malvados, describiéndolos como hipócritas y declarando siete males sobre ellos.[233]

- *Pero si ustedes dejan de pecar y comienzan a obedecer al SEÑOR su DIOS, él cambiará de parecer acerca del desastre que anunció contra ustedes.[234]*

- *Y este mundo se acaba junto con todo lo que la gente tanto desea; pero el que hace lo que a Dios le agrada vivirá para siempre.[235]*

- *Porque os es necesaria la paciencia, para que habiendo hecho la voluntad de Dios puedan recibir la promesa: "Pues, dentro de muy poco tiempo, Aquel que viene vendrá sin demorarse".[236]*

OK, así que el hombre tiene una voluntad, Dios tiene una voluntad, cada uno de nosotros tenemos opción, y está claro que debemos seguir Su voluntad en lugar de la nuestra; pero ¿cómo sabemos cuál es? A veces podemos hacer que el proceso de determinar la voluntad de Dios sea algo muy difícil -al menos se que yo lo he hecho. ¿Cuántas veces he agonizado sobre la pregunta: "¿Cuál es la voluntad de Dios para mi vida?" Más de las que puedo contar, pero Dios es fiel. Él no nos deja desconcertados sin respuestas.

Cuando miramos a su palabra e interiorizamos Su verdad, determinar Su voluntad se hace mucho más fácil. Dios no sólo nos ha dado la Biblia como un manual de instrucciones, sino que también la ha ilustrado con ejemplos de la vida real con respecto a cómo hacer las cosas (o ¡cómo no hacerlas!), y todo lo que tenemos que hacer es leer y seguir Sus instrucciones. Podemos elegir estar confundidos y frustrados, como la imagen estereotipada de un padre que se niega a leer las instrucciones antes de poner juntas las partes de un juguete en el último minuto en la víspera de Navidad, para terminar todo en un desastre. O bien, podemos imitar a alguien que separa suficiente tiempo, estudia las instrucciones, sigue paso por paso, y ensambla el regalo perfecto en una fracción de tiempo.

¿Puede realmente ser tan fácil? Suena demasiado sencillo, sólo tienes que seguir el manual de instrucciones de Dios. Pero nos preguntamos, ¿qué pasa con esto?, ¿y qué pasa con lo otro? ¿Cómo sé adónde ir y qué hacer a continuación? ¿Cómo elijo la pareja perfecta? ¿Cómo me ocupo de mis cuentas, mi salud, mi esposo, mis hijos? La vida no es fácil - de hecho, es difícil; y aprender a vivir por fe puede ser un desafío. Se requiere de la determinación de nuestra voluntad para acomodarnos a la verdad de la Palabra de Dios. Por ejemplo, estoy absolutamente seguro de lo que Jesús quiso decir cuando dijo, *"Busquen el reino de Dios por encima de todo lo demás y lleven una vida justa, y él les dará todo lo que necesiten. Así que no se preocupen por el mañana, porque el día de mañana traerá sus propias preocupaciones. Los problemas del día de hoy son suficientes por hoy".*[237] Sin embargo, a menudo decidimos a propósito ignorar Su dirección y preocuparnos por esto, aquello, o lo que sea.

Todavía nos preguntamos, "¿Cómo puedo saber Su voluntad?" Considere esto, todos experimentamos momentos en los que simplemente sabemos lo que nuestro cónyuge, hijo o mejor amigo están pensando, sin ellos decir una palabra. Esto sucede porque estamos tan cerca y los conocemos tan bien, que las palabras a menudo son innecesarias. Es más o menos lo mismo con Dios; mientras más íntimos estemos con Él, más sabremos lo que Él está pensando. Nuestros espíritus se vuelven tan en sintonía con el Espíritu Santo, que aprendemos a sentir Su voluntad en cualquier situación en la que nos encontremos. Puede aparecer como una indecisión o temor si estamos a punto de cometer un error; como una sensación de ligereza y libertad si estamos en el camino correcto; o cualquier número de otras formas que Él elige para comunicarse. En los círculos cristianos podemos escuchar referirse a esto, como una "verificación" o un "toque" en el espíritu de uno.

No siempre es fácil seguir adelante en fe sin saber lo que viene después, pero si nos decidimos a caminar por fe y no por vista esto es un acto de nuestra voluntad que el Señor ama. Considero que la vida no sólo encaja en su lugar mucho más fácil, sino que también llega a ser mucho menos estresante cuando Él llega a ser nuestra primera prioridad. Haga la prueba, ¡de un salto de fe!

Mire esta lista del Apóstol Pablo (antes conocido como Saúl). *Él llegó y se puso a mi lado y me dijo: "Hermano Saulo, recobra la vista". Y, en ese mismo instante, ¡pude verlo! Después me dijo: "El Dios de nuestros antepasados te ha escogido para que conozcas su voluntad y para que veas al Justo y lo oigas hablar. Pues tú serás su testigo; les contarás a todos lo que has visto y oído. ¿Qué esperas? Levántate y bautízate. Queda limpio de tus pecados al invocar el nombre del Señor".*[238]

Está bastante claro que el conocimiento de Saulo acerca de la voluntad de Dios era que fuera creciendo en su relación con Jesús; él simplemente necesitaba seguirlo voluntariamente y obedecerle. Obviamente, él hizo caso de la instrucción, pues es Pablo quien más tarde escribió a los Efesios, "En quien tenemos redención por Su sangre... de haber dado a conocer el misterio de Su voluntad, según Su buena voluntad."[239] Es también bastante claro que aprender a conocer la voluntad de Dios no necesariamente sucedió de la noche a la mañana para Pablo, más de lo que lo hizo en nosotros. Escribiéndole a los Gálatas, les dijo,

"Le agradó revelarme a su Hijo para que yo proclamara a los gentiles la Buena Noticia acerca de Jesús. Cuando esto sucedió, no me apresuré a consultar con ningún ser humano. Tampoco subí a Jerusalén para pedir consejo de los que eran apóstoles antes que yo.

En cambio, me fui a la región de Arabia y después regresé a la ciudad de Damasco. Luego, tres años más tarde, fui a Jerusalén.'[240]

¡Tres años! ¿Habrá alguno entre nosotros dispuesto a buscarlo primero, por tanto tiempo, con el fin de conocer Su voluntad?

La voluntad de Dios se revela en su Hijo; y Jesús mismo dijo, *"Todo el que quiera hacer la voluntad de Dios sabrá si lo que enseño proviene de Dios o solo hablo por mi propia cuenta."*[241]

Cuanto más estudiamos la vida de Jesús y más lleguemos a conocerlo, más fácil será determinar la voluntad de Dios. Se inicia con la redención; continúa con relación; se evidencia en las decisiones que tomemos fuera de nuestra voluntad. Y una vez más el apóstol Pablo ofrece buenos consejos sobre la forma de proceder:

Estén siempre llenos de alegría en el Señor. Lo repito, ¡alégrense! Que todo el mundo vea que son considerados en todo lo que hacen. Recuerden que el Señor vuelve pronto. No se preocupen por nada; en cambio, oren por todo. Díganle a Dios lo que necesitan y denle gracias por todo lo que él ha hecho. Así experimentarán la paz de Dios, que supera todo lo que podemos entender. La paz de Dios cuidará su corazón y su mente mientras vivan en Cristo Jesús. Y ahora, amados hermanos, una cosa más para terminar. Concéntrense en todo lo que es verdadero, todo lo honorable, todo lo justo, todo lo puro, todo lo bello y todo lo admirable. Piensen en cosas excelentes y dignas de alabanza.[242]

Pero se pone aún mejor. *Voluntad* también puede referirse a un documento legal que dicta la disposición de un bien; y *"el Espíritu mismo da testimonio a nuestro espíritu de que somos hijos de Dios, y si hijos, también herederos; herederos de Dios y coherederos con Cristo, si es que padecemos juntamente con él, para que también seamos glorificados."*[243] *"En él asimismo tenemos herencia."*[244] de acuerdo a Su voluntad, Él nos ha dado una herencia sin igual.

Por último, somos los beneficiarios de una promesa increíble, con la *voluntad* apareciendo como un verbo auxiliar que significa el tiempo futuro. *"A todos los que salgan vencedores, los haré columnas en el templo de mi Dios, y nunca tendrán que salir de allí. Yo escribiré sobre ellos el nombre de mi Dios, y ellos serán ciudadanos de la ciudad de mi Dios, la nueva Jerusalén que desciende del cielo y de mi Dios. Y también escribiré en ellos Mi nuevo nombre."*[245]

11

INTRODUCCIÓN A
La Anchura, Longitud, Profundidad y Altura

En noviembre del 2011, mi amigo Rob Gross y yo estábamos disfrutando de una cena en el restaurante de un hotel en Hong Kong cuando, inesperadamente, empezamos a discernir algo nuevo. Estuvimos de acuerdo en que no sabíamos lo que era, así que empezamos a preguntarle al Señor una serie de preguntas de quién o qué, sin recibir resultados positivos; pero luego nos sorprendimos al entender que los dos estábamos discerniendo al arcángel Miguel. Escuché en mi espíritu, "Daniel 12", y mi primera inclinación era que no había nada acerca del arcángel Miguel en ese pasaje. Mirándolo, sin embargo, nos sorprendió que el arcángel Miguel esté en efecto mencionado en el primer verso. ¿Por qué estábamos discerniendo al arcángel Miguel? ¿Había alguna pista en Daniel 12 que nos daría revelación?

Daniel 12 se trata del fin de los tiempos y el sello de los pergaminos de Daniel, y en el versículo 9 indica que no se abrirán hasta el tiempo final. ¿Estamos ahora en esos últimos días? ¿Están los pergaminos sellados de Daniel listos para ser finalmente abiertos? Si es así, ¿cuál es esta nueva revelación el Señor que desea que entendamos? En esa cena, pareció que estas preguntas no tuvieron respuestas, pero eso no tardaría en cambiar, a medida que el Señor comenzó a abrir más y más los misterios del Reino de Dios.

El Señor había empezado a hablarnos acerca de la profundidad en términos generales en el 2006, pero en los próximos años las palabras se hicieron más y más específicas hasta el año 2009 cuando escribimos *Oración para ser Liberados de las Profundidades Impías* en la escuela de ministerio. En ese momento no nos dimos cuenta de que el Señor no sólo había empezado a darnos la comprensión acerca de la profundidad, sino también sobre la anchura, la longitud y la altura. Esa nueva revelación vendría después de nuestro tiempo en Hong Kong.

La anchura, la longitud, la profundidad y lo altura son mencionadas en el libro de Efesios en el contexto de la oración del Apóstol Pablo.

Cuando pienso en todo esto, caigo de rodillas y elevo una oración al Padre, el Creador de todo lo que existe en el cielo y en la tierra. Pido en oración que, de sus gloriosos e inagotables recursos, los fortalezca con poder en el ser interior por medio de su Espíritu. Entonces Cristo habitará en el corazón de ustedes a medida que confíen en él. Echarán raíces profundas en el amor de Dios, y ellas los mantendrán fuertes. Espero que puedan comprender, como corresponde a todo el pueblo de Dios, cuán ancho, cuán largo, cuán alto y cuán profundo es su amor. Es mi deseo que experimenten el amor de Cristo, aun cuando es demasiado grande para comprenderlo todo. Entonces serán completos con toda la plenitud de la vida y el poder que proviene de Dios.[246]

Solo la profundidad y la altura son mencionados en Romanos 8:38-39: *"Y estoy convencido de que nada podrá jamás separarnos del amor de Dios. Ni la muerte ni la vida, ni ángeles ni demonios, ni nuestros temores de hoy ni nuestras preocupaciones de mañana. Ni siquiera los poderes del infierno pueden separarnos del amor de Dios. Ningún poder en las alturas ni en las profundidades, de hecho, nada en toda la creación podrá jamás separarnos del amor de Dios, que está revelado en Cristo Jesús nuestro Señor."*

¿Qué entendemos por la anchura, la longitud, la profundidad y la altura? Como pastor Bautista consulté tantos comentarios bíblicos cómo fue posible, para obtener revelación del pasaje de la escritura, por lo que en la preparación para este capítulo pensé que sería de gran ayuda el estudiar este asunto de esta manera. Aparentemente parece que nadie sabe cuál es la anchura, la longitud, la profundidad y la altura. Citas de tres comentarios son representativas de lo que los comentaristas están diciendo:

1. Nosotros no quisimos darle un significado detallado de *la anchura, longitud, altura y profundidad*; sino más bien sentir con el corazón, la mente y la intuición las "muchas dimensiones" del amor, y trabajar para entrelazar ese amor en toda la tela de la vida.[247]

2. No está directamente designado, y por lo tanto se debe tomar a partir del contexto. La cláusula añadida relacionada con esto y por estos puntos a la vez es "el amor de Cristo". Las dimensiones establecidas aquí entonces se vuelven claras: "anchura" se refiere a las naciones situadas una al lado de la otra en la tierra, sobre todo los cuales el amor de Cristo se extenderá; "longitud", se refiere a los siglos sucesivos a los cuales alcanzará; "profundidad" se refiere a la miseria y la corrupción del pecado, a la cual descenderá; y la "altura" a la gloria en el trono de Dios y cerca de Su corazón a la que los elevará a todos.[248]

3. No hay interpretaciones especiales dadas a estas palabras. La idea general de inmensidad se expresa en estos términos comunes para dimensión. Nótese que el artículo está unido sólo a la primera, *anchura*, todo el resto se han incluido dentro de un artículo; con la intención de mostrar el amor de Cristo en toda su dimensión, y no fijar la mente en las partes que lo constituyen.[249]

Después de haber decidido que incluso los expertos no saben mucho acerca de la anchura, longitud, profundidad y altura, decidí al menos que podríamos mirar el contexto de Efesios 3:18 y definirla según el contexto de los versículos a su alrededor. El verso está en una oración del apóstol Pablo, pronunciada en nombre de los Efesios. En un contexto más amplio de Efesios 3 notamos varias afirmaciones que indicarían que es lo que Pablo enlaza con la anchura, longitud, profundidad y altura.

MISTERIOS DE CRISTO: *"(… por el cual, cuando se lee, es posible entender mi conocimiento en el misterio de Cristo), que en otras generaciones no se dio a conocer a los hijos de los hombres, como ahora ha sido revelado por el Espíritu a sus santos apóstoles y profetas… y de aclarar a todos cuál sea la dispensación del misterio, que desde el principio de los siglos ha estado oculto en Dios, que creó todas las cosas por medio de Jesucristo; con la intención de que la multiforme sabiduría de Dios sea conocida por la iglesia a los principados y potestades en los lugares celestiales, conforme al propósito eterno que hizo en Cristo Jesús nuestro Señor."*[250]

EVANGELISMO: *"…Y el plan de Dios consiste en lo siguiente: tanto los judíos como los gentiles que creen la Buena Noticia gozan por igual de las riquezas heredadas por los hijos de Dios. Ambos pueblos forman parte del mismo cuerpo y ambos disfrutan de la promesa de las bendiciones porque pertenecen a Cristo Jesús."*[251]

PERSEVERANCIA EN LAS PRUEBAS: *"Por eso les ruego que no se desanimen a causa de mis pruebas en este lugar. Mi sufrimiento es por ustedes, así que deberían sentirse honrados."*[252]

FORTALECIENDO EL HOMBRE INTERIOR: *"…Pido en oración que, de sus gloriosos e inagotables recursos, los fortalezca con poder en el ser interior por medio de su Espíritu."*[253]

EL AMOR DE CRISTO: *"…Es mi deseo que experimenten el amor de Cristo, aun cuando es demasiado grande para comprenderlo todo. Entonces serán completos con toda la plenitud de la vida y el poder que proviene de Dios."*[254]

EL TRABAJO DEL PODER DE DIOS: *"Y ahora, que toda la gloria sea para Dios, quien puede lograr mucho más de lo que pudiéramos pedir o incluso imaginar mediante su gran poder, que actúa en nosotros…"*[255]

UNIDAD: *"Por lo tanto, yo, prisionero por servir al Señor, les suplico que lleven una vida digna del llamado que han recibido de Dios, porque en verdad han sido llamados. Sean siempre humildes y amables. Sean pacientes unos con otros y tolérense las faltas por amor. Hagan todo lo posible por mantenerse unidos en el Espíritu y enlazados mediante la paz. Pues hay un solo cuerpo y un solo Espíritu, tal como ustedes fueron llamados a una misma esperanza gloriosa para el futuro. Hay un solo Señor, una sola fe, un solo bautismo, un solo Dios y Padre de todos, quien está sobre todos, en todos y vive por medio de todos."*[256]

DONES ESPIRITUALES: *"No obstante, él nos ha dado a cada uno de nosotros un don especial mediante la generosidad de Cristo."*[257]

Este es el final de lo que intelectualmente podemos concluir acerca de la anchura, longitud, profundidad y altura; y estamos exactamente en el lugar que el Señor quiere que estemos-totalmente dependientes de Él para darnos entendimiento y sabiduría. Debemos depender de Él para la revelación de estos misterios. Ahora es el momento para que el Espíritu Santo revele los secretos sobre la anchura, longitud, profundidad y altura.

12

DESCUBRIENDO LA PROFUNDIDAD

Cuando publicamos una nueva oración la gente suele preguntar: "¿Cuándo escribió usted la oración?" Yo no escribo las oraciones; son escritas en nuestras reuniones como un esfuerzo cooperativo de todas las personas presentes. Prácticamente la totalidad de la revelación que hemos recibido ha comenzado conmigo recibiendo una clase de chispa, como un sueño, una impresión, o una palabra de otra persona; que luego se concretó y desarrolló en el grupo.

En el 2006, una ministra de oración tuvo un sueño en el que yo estaba hablando con ella desde el cielo. Vio una rejilla a la cual se le instruyó que fuera y desconectara algo. Y yo le dije: "Tienes que ser menor." Luego otro ministro de oración le preguntó: "¿Eres menor?" Ella respondió: "No, tengo más de 21 años." "Entonces no puedes entrar."

Más tarde, tuvo una visión en la que tenía un casco amarillo con luces como un sombrero de minero. Ella tenía que excavar en busca de las respuestas. Recibió la palabra, "Hazlo efectivo, hazlo efectivo, hay vetas de oro que necesitan ser descubiertas", y se dio cuenta que lo que le decían antes, no se trataba de si era "menor" en términos de ser menor de edad, sino de si era "minero" para excavar en las profundidades. Dos años después, en el 2008, aún sin ninguna comprensión del significado de la profundidad, dos intercesores diferentes me dieron palabras asociadas con ella.

PRIMERA PALABRA: Es ahora. Paul, Paul, te damos autoridad para derribar las fortalezas. Encuentra las llaves debajo de la tierra; ve a la profundidad, profundo, profundo; que están debajo. Estás por descubrir la estrategia del enemigo, el escondite del enemigo, al igual que un minero (¡yo ya había escuchado eso antes!). Ve bajo tierra y cava profundo, que están ahí. Números, estrategias, libros de contabilidad que se han ocultado. Derribarás fortalezas financieras. Es tiempo; es tiempo que se suelten las finanzas. Hay bóvedas. Se te dará la combinación. Cuando abras las bóvedas, la información va salir a borbotones.

SEGUNDA PALABRA: Es un nuevo día; va a ser diferente; va a ser divertido. (Me gusta esa parte). Le da placer al Rey que lo esperes. Es nuevo; es vivir; está vivo; está esperando. En el silencio lo encontrarás. En el Lugar Santo lo encontrarás. Padre, nos inclinamos ante Ti, porque tú eres el Santísimo. El Establecedor ha venido otra vez; este es Dios. Hay una nueva forma de vivir. Voy a romper tus viejas formas de hacer las cosas, ver las cosas y oír las cosas. Expectativa; sin ella no vas a llegar allí. Cuando la expectativa se encuentra con Jesús, quien es Amor, entonces la expectativa se cumple. Cuando la expectativa ha alcanzado su plenitud en los tiempos, luego el nacimiento tiene lugar. El comienzo se convierte en el final, que se convierte en el principio y las cosas viejas pasan.

Y luego recordé un sueño que había tenido. Yo estaba en Manhattan, y me encontraba en un distrito de almacenes al final de una línea de ferrocarril. Había un pozo y metí la mano en él y agarré a mi nieto, que nació con higroma quístico, en su pelo. Al instante fue sanado. ¿Era esta la profundidad?

Se nos ha dicho durante mucho tiempo que hay que ir más alto; debemos ir más alto; debemos ir más alto. Pero ahora el Señor estaba diciendo claramente: "Tienes que ir más profundo; hay que ir más profundo; hay que ir más profundo. Debes saber las cosas profundas de Dios, que no están en la altura, pero que están en la profundidad." De repente nos encontramos en una nueva frontera del conocimiento. Esta revelación de la profundidad ha abierto nuevas esferas para la sanidad personal. ¿Cuál es la profundidad?

13

LUGARES EN LA PROFUNDIDAD

Un pastor había llegado para ser ministrando y un intercesor lo vio en una cueva bajo el agua. Parecía estar confinado dentro de un cubo de vidrio transparente, y el Señor nos mostró que estaba atrapado en la profundidad impía, en el Seol. Podía sentir el cubo, y él reconoció que se había sentido atrapado durante la mayor parte de su vida. El Señor nos llevó a pedirle que liberara al hombre del Seol. Lo hicimos, y el cambio inmediato en este hombre fue notable. Fue inundado por una sensación de alivio.

Seguido a la sesión de oración, recibí una llamada de mi hija, Corrie. Acababa de regresar de una visita al médico por un fuerte dolor abdominal. El médico le hizo una ecografía y descubrió que tenía un quiste. Cargado con esta nueva revelación acerca de la profundidad, fui a su casa y le pedí al Señor que la sacara de la profundidad impía. Al día siguiente, después de otra visita al médico para más pruebas, recibí una llamada de mi hija emocionada. "Papá, estoy sana" Le dije: "¿Qué?" Ella respondió que le habían hecho otra ecografía y no pudieron encontrar el quiste. El Señor estaba confirmando que esta nueva revelación no sólo era cierta, pero que también era muy importante.

La revelación de la profundidad ha sido una de las más profundas revelaciones que el Señor nos ha dado, así como una de los más difíciles de recibir y de creer. Recuerdo muy claramente cuando la revelación estaba viniendo y que me encontré a mí mismo incrédulo con respecto a que si las ideas eran ciertas. En un momento dado, una intercesora estaba dando una palabra del Señor cuando se volvió hacia mí y dijo, "El Señor dice 'deja de ser tan religioso y escúchame'". Me quedé muy sorprendido por el comentario, pero abrió mi espíritu y mi mente para escuchar de verdad.

Muy a menudo en este viaje me veo obligado a dar un salto de fe, a re-examinar la Biblia, y a caminar en lo que el Señor me está revelando. Eso ha sido difícil. Sin embargo, mientras el ministerio va tomando su lugar y las vidas de las personas son cambiadas, la fe se vuelve una creencia verdadera. Estoy constantemente consciente de que quiero ver verdaderos resultados en la vida de las personas; Quiero ver los cambios que traen nuevos niveles de libertad y un andar más íntimo con el Señor. La revelación de la profundidad ha logrado esto; y sí, es bíblico, así que vamos a explorar esta verdad. En primer lugar, sin embargo, tengamos en cuenta el testimonio de una vida que fue dramáticamente cambiada a través de la oración, a medida que se aplicaban pasajes sobre la profundidad como principios de la Palabra de Dios. El Pastor Rob Gross de Kaneohe, Hawai, contribuye con esta maravillosa historia.

> En 2010 me reuní con una abuela que estaba muy preocupada y con su nieta, para una sesión de oración y consejería. La abuela, como tutor legal de la niña, compartió que la niña le fue quitada a la madre a causa del severo abuso físico y verbal. Esto incluía ser golpeada bajo su garganta con un gancho de ropa y la puerta de un gabinete estrellada en su cabeza, después de que la madre se saliera de sus cabales en un ataque de rabia. El padre de la niña estaba en la cárcel.

> Diagnosticada con síndrome bipolar, está linda niña de diez años de edad, estaba pasando un momento difícil tratando

de llevarse bien con su profesor y sus compañeros de clase. Durante la sesión, la niña compartió que su dolor más profundo vino al ser separada de sus dos hermanas menores a causa del abuso de su madre. Era obvio que ella estaba atrapada en las profundidades impías.

Después de orar para que fuera liberada de las profundidades impías, las dos se fueron animadas. Un mes más tarde se me informó por medio de la abuela, que su nieta ya no sufría de síndrome bipolar y le estaba yendo mucho mejor en la escuela. Y hoy, de catorce años de edad, su nieta continúa creciendo y tiene un futuro brillante.

La palabra relevante en hebreo para "profundo" es *omeq*, y es encontrada dos veces en Proverbios 9:18:

Pero lo que menos se imaginan es que allí están los muertos. Sus invitados están en lo profundo de la tumba. (Seol)[258]

Nadie puede comprender la altura de los cielos, la profundidad de la tierra, ¡ni todo lo que pasa por la mente del rey![259]

En estos pasajes, así como otros en el Antiguo Testamento, parece haber una vinculación entre la palabra hebrea para "profundidad" con el Seol, que es conocido como Hades en el Nuevo Testamento. Este lugar en la profundidad sería la ubicación impía de las partes del alma.

Anteriormente, como pastor Bautista, enseñaba sobre el Seol como el lugar donde los muertos, justos e injustos, permanecían hasta la venida del Mesías, creyendo que iban a ser trasladados al cielo o al infierno en ese momento. A medida que la revelación continuaba acerca de la profundidad, llegué a comprender que el Seol es un lugar donde partes de nosotros pueden ser atrapadas, ya sea por otras personas o porque nosotros las pusimos ahí. Me doy cuenta de que esto suena extraño así que voy a continuar explicando.

Cuando comenzamos a explorar sobre la profundidad, el Señor actualizó nuestra armadura- parece que necesitamos una mayor protección allí. Es muy extraño, pero el nuevo conjunto de armadura se siente como que estoy envuelto en humedad y es pegajoso. También hay un zumbido en mis oídos, y otros experimentaron la misma sensación. Al entrar en la profundidad, se siente como si fuéramos hacia abajo. El Señor comenzó a hablarnos una nueva palabra sobre lo que estábamos viviendo:

ORACIÓN DEL MINISTRO: "Es una forma diferente de traje; es un traje de minero [¡el minero de nuevo!], un equipo de minero. Ponlo dentro del carro, como un carro de extracción. Cava, cava profundo. Hay herramientas ahí abajo. Te estoy transportando a través del tiempo y el espacio. Toma las herramientas y toma el equipo. Hay más profundidad que aprender. Sólo has arañado la superficie. Hay más, más, más. Hay oro en estas grietas. Extrae el oro; extrae el tesoro, no el tesoro- la revelación. Lo traerás de regreso a la superficie; sube; llevarás esto de regreso. [Él está poniendo dentro de nosotros un pararrayos, un rayo de luz en el interior de cada uno de nosotros.] Reflejarás y buscarás Su luz; hablaras de Su luz; probarás de su luz; conocerás Su luz. Cruza la luz."

PAUL COX: "Yahvé, Yahvé; todos ustedes son constructores; ustedes son hacedores con Yahveh como co-creadores. Su riqueza, su tesoro no ha sido rechazado. Mineros, mineros, ustedes deben de ser mineros por el corazón de oro. Hay una línea muy fina entre el corazón y la mente. ¿Dónde se almacena tu esperanza? ¿Para qué es? El corazón y la mente son para convertirse en constructores y fabricantes, un co-creador. Es el momento de encontrar el tiempo para conocer, escuchar y creer; probar y ver; usted se convierte en un minero por un corazón de oro. Compra oro refinado en el fuego. Sana el corazón; sana la mente; sana al hombre; sana la tierra. Profundiza, sube más alto, para ser un minero por el corazón de oro."

En 2009 estábamos en Collingwood, Canadá, cuando un profeta liberó otra palabra relevante acerca de la profundidad.

"Estamos ahora en el fondo del océano. Se trata de una manera de pensar. Si sólo nos detenemos en la mentalidad de río, nos quedamos en nuestra propia unción personal. Tenemos que salir hacia el océano, que es la profundidad, perder nuestras vidas y rendirlo todo, entrar y cruzar a la mentalidad del océano, y vamos a tener la mente de Cristo. Si sólo nos detenemos en la mentalidad del río perderemos lo que está en la profundidad. Entra en la manera de pensar del océano; tendrás la mente de Cristo. Es la voz de muchas aguas. Es la voz de muchas aguas saliendo desde la profundidad del océano, desde la mente de Cristo, no de la mente del hombre.

Es el momento de salir del río y entrar en el océano. Es el tiempo de la mente de océano. Es hora del transatlántico. No es más tiempo de ministerios personales e imperios. Ministerios personales, imperios y unción serán sumergidos. ¿No te he dado sueños de tsunami? Yo soy el tsunami. Nunca me entenderás. ¿Por qué te apoyas en tu propia prudencia para entenderme? Tú hombre natural no puede comprender las cosas del Padre. Tus pensamientos no son Mis pensamientos, tus caminos no son Mis caminos. Es hora de inclinarse para que Él pueda ser levantado. Tus pensamientos no son Mis caminos. Estoy trayendo a la luz Mi profundidad, Mi profundidad. Yo seré el tsunami de gran gloria y de gran poder a través de Mi novia e hijos.

[Los mercenarios están siendo despedidos. Los hijos e hijas se levantarán con una profundidad de Dios en sus ojos. ¿Hay una profundidad de nuestras almas que no está? Él está tratando de volver a cablear la casa con poder de 110 a 220, Gálatas 2:20, ya no soy yo, sino Cristo en mí.]

Reconoce que estás muerto. ¿Por qué morirías todos los días cuando estás muerto? Elije obedecer la palabra y tomar la cruz cada día. Yo los he bautizado en las profundidades. Deja de tratar de morir cuando estás muerto en mí. Yo fui a las profundidades para llevarte a Mis profundidades. Grábate de que estas muerto porque Él lo ha hecho. No con ejército, pero con Mi espíritu. Así como en los días de Noé hubo una inundación, voy a inundar la tierra con fuego, fuego renovador. Hay un fuego de renovación y restauración. Voy a juzgar el mal. Voy a restaurar y traer de regreso el jardín. Te regresaré tu identidad en la gloria. Como lo estuvo en el principio, también estará en la tierra otra vez. Trae de vuelta la profundidad del jardín. Voy a dividir la forma de Adán de la mente de los hombres. Voy a dividir en pedazos lo que es cizaña del trigo, así desde la profundidad vendrán los redimidos, el último Adán, el redimido, el Nuevo Hombre. Marca este día, el cielo y la tierra serán testigos, una congregación santa. Algo se está grabando en el Espíritu este día; una grabación en el cielo. En la profundidad hay revelación más profunda, compromiso más profundo, amor más profundo".

En el 2009 también recibimos esta palabra, "Te muestro un misterio. Las profundidades ocultas de Dios están aquí, el misterio del poder de Dios de las eras de hace mucho tiempo. Los misterios ocultos creados hace mucho tiempo. Hay un misterio de conocerlo a Él cara a cara en el origen. Aún más profundo, hay un tesoro oculto a ser revelado."

Hay libertad cuando nos liberamos de las profundidades impías y hay gran liberación hacia los propósitos de Dios cuando estamos posicionados en la profundidad justa. David expresó la promesa en la Escritura, *"Veré la bondad de Jehová en la tierra de los vivientes."*[260]

A continuación, nos movemos de lo general a lo específico; desde una visión general de la profundidad impía a una comprensión específica de las ubicaciones en la profundidad impía; descubrimos lo que significa disfrutar del privilegio de la libertad de nuestra alma en la profundidad justa.

14

EXPLORANDO LA PROFUNDIDAD

Habíamos descubierto que había muchos lugares en la profundidad, pero el Señor no había terminado de derramar de Su revelación.

Un intercesor recibió un poema que está completamente ligado a esto - una especie de Dr. Seuss.

Hay una estrella, una estrella sobre Thars, que da luz tanto cerca como lejos.

Dimensiones que saben lanzar rayos, oh tan lejos, sí que hace círculos y círculos tanto cerca como lejos.

Aparece como la oscuridad trayendo luz desde arriba, dejando libres a los cautivos, a los cautivos de nacimiento, dándoles libertad, nueva esperanza y un nuevo nacimiento.

Rompe las paredes, mamparas de cristal, y más.

Abre los portales y también los cielos, por Mi gracia para verter algo fresco y nuevo.

Reordena las vibraciones y aclara los sonidos, trayendo sanidad y salud, mientras resuena.

Un ministro de oración tuvo otro sueño:

Entro al océano a nadar (en la profundidad). El agua es tan superficial, busco aguas más profundas y no puedo encontrarlas. Nado paralelo a la playa y luego nado frente a la playa, yendo tan lejos como puedo, en busca de aguas más profundas. Finalmente me golpeó con una pared de plástico y parece que estoy en un plató de cine. El océano no es real, sino hecho por el hombre, y no hay profundidad o anchura. Golpeo una pared de plástico que fue pintada para que parezca real a la distancia.

Al darnos cuenta de que el Señor nos estaba dando una revelación del Seol, nos dispusimos a examinar algunas escrituras.

Toda su familia intentó consolarlo, pero él no quiso ser consolado. A menudo decía: «Me iré a la tumba (esto es realmente el Seol) llorando a mi hijo», y entonces sollozaba. (Aquí hace referencia a Jacob)[261]

Los malvados descenderán a la tumba; este es el destino de las naciones que se olvidan de Dios.[262]

Me levantaste de la tumba (Seol), OH SEÑOR; me libraste de caer en la fosa de la muerte.[263]

Me preguntaba, "¿Una persona está atrapada en el Seol o en el pozo?" Así que, en una reunión, pedí un voluntario para ilustrar a través de la exploración y descubrí que podía discernir a un individuo en un cubo, atrapado en el Seol. Recuerde que en el sueño se sentía como si fuera real, pero era solo un plató de cine, y la interpretación revela que tu realidad actual no es la realidad que Dios tiene para usted. Permítame decirlo de nuevo. La realidad actual que está experimentando no es la realidad que Dios tiene para usted. Usted está en una realidad artificial.

Después, discerní otro cubo con un anciano impío haciendo guardia, seguido de otro cubo con un gobernante impío - un cubo dentro de un cubo dentro de otro cubo, manteniendo a las personas atrapadas en el Seol.

Permítame resumir. Digamos que alguien viene y me crítica y yo compro esa crítica. En ese momento me pusieron dentro del Seol o dentro del pozo porque he aceptado la mentira que fue hablada sobre mí. Además, que a causa de las palabras que otros hablan, la gente lo puede poner allí incluso si usted no está de acuerdo. La comprensión vino de la experiencia en la iglesia cuando los miembros vinieron en mi contra violentamente, resultando que yo fuera puesto en los lugares de oscuridad en el Sol, y en el pozo especialmente.

He llegado a creer que este es el lugar donde el enemigo toma partes de nosotros y ataca partes de otras personas. Es el lugar donde todo tipo de condena, culpa, vergüenza y rechazo se empoderan, porque somos personas multidimensionales. Estamos sentados con Cristo en lugares celestiales - y nosotros existimos en muchos lugares (dimensiones). Observe el énfasis bíblico en plural - lugares celestiales. Lo que está pasando es que hay personas que existen en una profundidad impía donde el enemigo los está usando en su contra, así que usted es constantemente bombardeado con pensamientos que no son correctos. ¿Tiene esto sentido? Sucede una y otra vez y usted se pregunta, "¿Por qué me siento así?" A veces incluso puede que se cruce con gente que nunca conoció e inmediatamente le disgusta. Puede ver, que algo que está pasando en las profundidades lo está afectando a usted. Nosotros fuimos destinados a estar en las profundidades divinas, las cuales yo creo son las profundidades de la revelación.

Revisé esos cubos en un par de adolescentes y encontré que ellos no estaban atrapados, por lo que me parece muy interesante que las Escrituras hablan sobre la vejez en el Seol. Creo que lo que pasa es que hay un punto en la vida donde dejamos de soñar y empezar a comprar las mentiras de que esto es todo lo que hay. Empezamos a aceptar mentiras que se hablan sobre nosotros. En algún punto, no sé cuándo, pero probablemente en algún momento entre los 20 o los 30 años, terminamos siendo colocados en las profundidades impías. Llegamos a un tiempo en el que creemos que hemos vivido todo lo que la vida tiene para ofrecer; y compramos esa mentira.

Hemos discernido que la trampa y los engaños son lugares reales en la profundidad, como en el pozo, que parece estar en capas. En realidad, dice en un verso que usted entra en la profundidad, la parte más profunda del Seol, por lo que parece que hay capas.[264]

Que la abundante mesa servida ante ellos se convierta en una trampa, y que su prosperidaa se vuelva un engaño[265]

Los orgullosos tendieron una trampa para atraparme; extendieron una red; colocaron trampas a lo largo dei camino. Selah.[266]

Líbrame de las trampas que me han tendido y de los engaños de los que hacen ei mal.[267]

He encontrado que las trampas se pueden discernir en los pies. Mantenga presente que una trampa es diferente a un lazo -es como una trampa para los osos, mientras que un lazo es un pedazo de cuerda que atrapa la pierna o el cuello de un pájaro. Cuando discernimos trampas y lazos, simplemente oramos, "Señor, quita el lazo y la trampa de él. Señor, ¿puedes sacarlo de esos lugares de la profundidad impía?" Y Él lo hace – y ya no podemos sentirlos más. Usted puede hacer lo mismo ahora- ore "Señor Jesús, ¿puedes quitar el lazo de mí, la trampa que está en mí, y sacarme del pozo?"

En Nueva Jersey, tuve la sensación de que la persona a la que yo estaba ministrando, una mujer con trastorno de identidad disociativa, estaba en una jaula. Se sentía como que dos pelotas de ping-pong daban vueltas sobre mi cabeza, pero yo no sabía lo que eso significaba. Mientras tanto, alguien estaba arriba orando y ellos me informaron que vieron a la persona en una jaula, exactamente como yo lo había discernido. Me di cuenta de que el Señor me estaba diciendo que estaba sintiendo seres celestiales, y desde entonces los he discernido muchas, muchas veces. Cuando siento seres celestiales justos, se siente como tres pelotas de ping-pong rodeando mi cabeza, como cuando tiran la lotería con las bolas volando alrededor. Algunos han visto a los seres celestiales como parecido a un átomo.

Los seres celestiales son mencionados en Judas 1:8: *"De la misma manera, estos individuos —que pretenden tener autoridad por lo que reciben en sueños— llevan una vida inmoral, desafían a la autoridad y se burlan de los seres sobrenaturales" (dignatarios)* Los dignatarios son realmente los doxas, lo que significa los gloriosos o en otra traducción, los seres celestiales. Le pregunté al Señor lo que esto significaba y su respuesta fue maravillosa - ¡me encanta esto! Los seres celestiales están viviendo como rayos de luz; la luz es un ser vivo; y ellos son los gloriosos. ¿Recuerda la historia de Moisés en el que su rostro resplandeció y tuvieron que poner un velo sobre él? En el hebreo en realidad significa que tenía como rayos láser saliendo de su cara, y esos son los gloriosos, los seres de luz vivientes.

Así que le preguntamos al Señor esto, "¿Cómo salimos del Seol?" Él nos dijo, "Tienen que ir a través de la estrella y seguir a los gloriosos. Ellos irán en la profundidad impía y te sacaran de ahí y te pondrán en libertad."

Retrocediendo un poco, déjeme decirle de una visión que un intercesor tuvo sobre mí. Tenga en cuenta que esto fue antes de que tuviéramos alguna información acerca de la profundidad. Ella dijo, "Usted está caminando a través de un puente, como el Golden Gate. El Señor dice, 'Puedes seguir caminando y continuarás, y estarás bien; o puedes saltar.'" Yo dije, "Bueno, saltaré. Es simple." No me di cuenta en ese momento que cuando uno salta entra en la profundidad. Así que ahora, en nuestras reuniones, si los gloriosos están presentes damos un salto de fe y saltamos orando la siguiente oración. Luego, quizás debamos esperar un poco para que la liberación tome lugar.

> *Señor Jesús, me arrepiento por haber aceptado la evaluación de los demás, y por permitir que otros determinen donde debería estar.*

Señor, me doy cuenta de que esto ha sucedido en mi línea generacional también, pero yo declaro que quiero verte en la tierra de los vivientes. Estoy cansado de vivir de la manera que he estado viviendo.

Señor, ahora sigo a Tus gloriosos seres a través de la estrella dentro de las profundidades impías. ¿Señor, puedes quitar cada parte de mí de las profundidades impías, fuera del Seol, del pozo, de las tinieblas externas, de la muerte y de cualquier otro lugar en la profundidad impía?

Yo declaro que voy a estar sentado con Cristo en los lugares celestiales. Voy a estar sentado en la anchura de Dios, la longitud de Dios, la altura de Dios y la profundidad de Dios. Voy a ser un hijo revelado del Dios Altísimo. Voy a tomar mi lugar como el Nuevo Hombre con Cristo como Cabeza.

El temor es otro lugar que hemos discernido en la profundidad impía, así que también le pedimos al Señor que nos saque del temor, y después de esos hemos discernido que los cubos se fueron.

Déjeme ser totalmente honesto aquí. Si esto ha funcionado, entonces usted notará una diferencia. Recuerde, con mi hija era algo que podíamos medir. Algo debe cambiar en su estado de ánimo, en su punto de vista; en la manera que ve la vida; debe haber algo tangible que ocurra. Si esto funciona, creo que sucede generacionalmente también.

Cuando empezamos a descubrir el Seol, mientras hablábamos sobre la profundidad, todos nos pusimos nuestros trajes y fuimos a la profundidad. Cuando una persona tenía una visión de su línea familiar en el Seol, me preguntaba si no nos estábamos metiendo en alguna teología perversa. Pero luego él dijo algo muy interesante, "Veo a ambos, tanto a los justos (los redimidos) y a los no redimidos allí." Entonces me pregunté, "Si estas son realmente partes de nosotros, es posible que algunas de estas partes estén todavía en el Seol?"

Cuando estamos ausentes del cuerpo, ¿en dónde estamos? Presentes con el Señor (1 Corintios 5: 8). Así que mientras que parece que nuestra línea familiar de alguna manera puede quedar allí, no sé todavía lo qué significa todo esto. Yo creo que mientras no estamos rescatando nuestros ancestros del Seol, algo ha sucedido en nuestra línea generacional, porque puedo discernir una diferencia después que oramos, hay algo que todavía tenemos que comprender.

¿Por qué habríamos de ir a través de este ejercicio? Porque siempre hay más. Hay en realidad tesoros en la oscuridad. Hay tesoros y oro en las vetas. Creo que hay finanzas; creo que hay revelación; y esto puede estar ligado a los rollos sellados mencionados en Daniel 12.

A medida que continuamos explorando las profundidades, también vamos a explorar las alturas, las longitudes y las anchuras. El Señor nos sigue diciendo que apenas hemos empezado. Esta es una gran aventura; y si no he hecho otra cosa, espero haber abierto la posibilidad de que hay más. Para nosotros que somos cristianos, siempre hay más. Para los niños, toda una vida en la que nunca se aburrirán porque están descubriendo más y más sobre Dios. ¿No es genial?

Nuestro deseo es conocer la anchura, la longitud, la altura y la profundidad de Dios; creyendo que Él nos dará la sabiduría y el entendimiento para que nosotros lo podamos conocer mejor; ganando cada vez mayor libertad.

En los años 80 hubo un programa de televisión que me gustó mucho, Sea Quest. Empecé a verlo de nuevo un poco antes de que el Señor comenzara con esta revelación. Así que ahora tenemos Star Trek (Viaje a las Estrellas), que son los lugares celestiales y Sea Quest (Búsqueda en el Mar) que va a las profundidades.

Señor, queremos ir en un *Sea Quest* y un *Star Trek*. Queremos explorar los universos, los universos exteriores, y los universos en la profundidad. Espíritu Santo, por favor llena cada lugar que ha sido vaciado por las trampas del enemigo, y trabaja en nuestras mentes y corazones para enseñarnos acerca de las cosas profundas de Dios.

15

ORACIÓN PARA SER LIBRE
De la Profundidad Impía

Padre, yo me arrepiento y renuncio por mí mismo y por mi línea familiar, de todos los pecados que me han mantenido atado e incapacitado de cumplir el propósito dado por Dios y que han traído como consecuencia el estar atrapado en la profundidad impía, el Seol, el pozo, el lazo y la trampa.

Padre, ten misericordia de mí, porque he sufrido mucho desprecio y burla. Señor, te pido que rompas el desprecio y las burlas que han sido puestas sobre mí vida por el orgulloso. Lávame de la arrogancia y de los caminos arrogantes que trajeron el desprecio sobre mí.

Señor, perdóname por no perdonar a los que han venido contra mí y me han atrapado. Ahora decido perdonar a aquellos que han declarado palabras de desprecio contra mí, y te los entrego a ti.

Yo me arrepiento y renuncio a los votos, pactos y promesas hechas a ti y a los demás, las cuales rompí. Por favor cancela y quiebra toda consecuencia impía y de maldad a causa de estos votos, pactos y promesas rotas.

Yo decido cancelar y perdonar todos los votos, pactos y promesas rotas que me fueron hechas y a los miembros de mi línea generacional. Yo confío en

Tus palabras de que tú pagarás por todo, y ahora decido perdonarlos libremente y soltarlos.

Yo me arrepiento por todos aquellos que se olvidaron o se alejaron de Ti; y por todos los que, a pesar de que vieron tus obras impresionantes, fueron ingratos y desagradecidos, quejándose en lugar de estar agradecidos por todo lo que has hecho. Te pido por favor, que rompas las consecuencias.

Yo me arrepiento por todos aquellos en mi línea generacional que intentaron elevarse por encima de las estrellas o por encima de Dios.

Yo me arrepiento por todo temor generacional, sobre todo por el temor al hombre, y por todos los que huyeron del temor, causando que cayeran en el pozo.

Yo me arrepiento por todos los que causaron conflicto, lucha o falta de unidad, especialmente en el cuerpo de Cristo.

Yo me arrepiento por el orgullo, arrogancia, engaño, ira y furia, adulterio generacional, prostitución, inmoralidad, perversión sexual, todo derramamiento de sangre impío, asesinato de los inocentes; y por el uso de la seducción impía, tentación o manipulación para dirigir a los rectos y los justos por mal camino.

Yo me arrepiento por todos los que tuvieron labios insensatos y no se fijaron en las palabras que salían de su boca. Yo me arrepiento por todos los que maldijeron a sus padres o madres.

Yo me arrepiento por todo odio, racismo y esclavitud; y por haber puesto a otros en la profundidad impía a través del odio, desprecio y discriminación basada en el color de la piel, cultura, género y creencias.

Yo elijo perdonar a aquellos que vinieron en contra de mi familia por estas razones. Señor, quiebra las consecuencias de estos pecados de mi línea familiar; restaura el amor que va más allá de lo racial, cultural, económico, género y diversidad de barreras. Por favor remuéveme y a mi lámpara de todo lugar secreto impío y de la profunda oscuridad.

Señor, por favor libérame de cualquier contrato impío que nos han llevado a mis antepasados y a mí al espíritu de pobreza. Por favor redime lo que el diablo se ha llevado y restaura Tus riquezas y Tu gloria.

Yo renuncio a todas las maldiciones generacionales que vienen con la búsqueda de riquezas mundanas. Por favor, haz que solo busque las riquezas en Ti. Me arrepiento por robarle a los pobres, estafarlos, por apostar, mentir, y hacer uso de la brujería para ganar riquezas; por toda ganancia codiciosa de riqueza, poder, conocimiento, títulos, posición, mantos y sabiduría de fuentes impías.

Yo me arrepiento por mí y todos aquellos que fueron destruidos por falta de conocimiento, porque no te buscaron, no buscaron Tu conocimiento y Tu sabiduría; por todos los que no buscaron Tu guía en su caminar, negocios, trabajo, ministerio, familia, u otros círculos de influencia. Por favor, remueve mi familia y ministerio de cualquier profundidad impía, pozo, lazo o trampa. Por favor restáurame todas las bendiciones y beneficios que han sido retenidos en la profundidad impía, para mi línea familiar.

Yo declaro que el enemigo ahora caerá en el lazo y la trampa que había preparado para mí.

Yo me arrepiento por todos aquellos que no anduvieron en la verdadera unidad espiritual, pero permitieron la amargura, celos y envidia, que causaron que cayéramos en el lazo y la trampa; por todos aquellos que no guardaron a los amigos, familia o al cuerpo de Cristo, y los vieron caer en las profundidades impías.

Me arrepiento por lanzar maldiciones a los demás a causa de la envidia y celos, mandándolos a las profundidades impías. Por favor, remueve y restaura cualquier parte de mí que esté ubicada en las profundidades impías debido a las maldiciones.

Yo me arrepiento por la pasividad impía que ha causado que me ponga de acuerdo con las acusaciones injustas, percepciones e imágenes impías, palabras de maldición, limitaciones, chismes y calumnias contra mí o cualquier cosa que me pertenece. Por favor desconéctame de todo esto y cancélalos. Ahora, yo elijo ponerme de acuerdo con Tu percepción de mí.

Señor, en tu misericordia rompe cualquier obra impía de mis manos. Yo me arrepiento por permitirme a mí mismo ser puesto en las profundidades impías, a través de la adoración de dioses ajenos, ídolos, y otros seres impíos; y *especialmente a través de las drogas y el espíritu de farmacodependencia. Señor, por favor remueve cualquier parte de mí que ha sido atrapada en las dimensiones profundas y límpialas con Tu sangre.*

Yo me arrepiento por proferir profecías falsas, oraciones impías, maldiciones de brujería, o encantos que colocaron mi vida en cualquier de las profundidades impías. Señor por favor quita todas las consecuencias de estas acciones.

Señor, te pido por favor que me desconectes de cualquier contacto físico impío, trauma o asalto que ha atrapado cualquier parte mía en las profundidades impías.

Yo me arrepiento por todos aquellos que cometieron actos con motivaciones escondidas y que con trampas nos llevaron a cualquier profundidad impía; y para todos los pactos deshonestos o injustos. Perdono a todos aquellos que cometieron injusticia y trajeron acusaciones falsas en contra de nosotros.

Yo me arrepiento por el temor al hombre, por no cuidar de las viudas y los huérfanos, y por declarar que nadie nos iba a restaurar desde el pozo, el Seol, el Hades, o cualquier profundidad impía. Elijo creer y declaro que Tú eres el único Dios verdadero, y que me vas a restaurar.

Señor, ahora por favor rescátame y a mi línea familiar de todos los lugares de la profundidad impía que nos ha atrapado y restáuranos a Tu verdadera y justa profundidad y altura- a Tu plomada.

Padre, en el nombre de Jesús, mi deseo es estar relacionado de la forma correcta contigo, para obtener todo lo que Tú tienes para darme y recibir toda mi herencia. Te pido que abras mis ojos y corrijas mis percepciones; muéstrame como trabajar mi salvación diariamente; muéstrame que soltar y a quién debo perdonar para que mi posición cambie. Señor, yo me arrepiento por la auto justificación y el juicio errado hacia otros. Por favor, quita el grillete de mi pierna izquierda.

Me arrepiento por haber negado los milagros, el poder y la resurrección que Tú compraste. Por favor, destruye toda cadena de mí; sácame de cualquier sepulcro blanqueado; líbrame de la tumba.

Señor, por favor destruye las paredes de cristal del engaño y las percepciones impías que me impiden oír, hablar, y ver claramente Tu percepción.

87

Yo me arrepiento por no reconocer que los pecados de mis antepasados y sus sistemas de creencias me afectan hoy. Yo me arrepiento por mi ignorancia ciega y pasividad que me han impedido tomar el reino por la fuerza. Yo elijo despertar a la justicia. Por favor, dame un corazón de humildad y posicióname correctamente delante de Ti.

Señor, por favor llena mi corazón con tu amor y dame revelación de quién eres Tú y cómo debe ser mi caminar delante de Ti.

Padre Dios, me arrepiento por poner a otros, especialmente los hermanos y hermanas en Cristo, en el pozo por medio de juicios, ambición egoísta, y de celos; yo me arrepiento por haber elegido vivir en la mentalidad de víctima.

Yo me arrepiento por toda idolatría y adoración impía del hombre o de los caminos del hombre, y por no adorarte y exaltarte verdaderamente a Ti.

Señor por favor desconéctame de la estrella impía y de los ancianos impíos que me han sujetado y encadenado al pozo; quita la faja impía, los nudos y las cuerdas que me han atrapado.

Señor por favor, rompe, destruye, corta, y elimina cualquier brujería que ha empoderado mi aprisionamiento en cualquiera de estos lugares dimensionales impíos como el Seol, la muerte, el temor, el Hades, la trampa, la profundidad impía, la perdición, los pozos, el lugar más oscuro, la absoluta oscuridad o las profundas oscuridades. Me arrepiento por todos los que utilizaron la seducción o cualquier práctica sexual como un medio para atraer y atrapar a la gente hacia las dimensiones impías.

Señor, quítame de la profunda oscuridad del Seol, la profundidad impía, el temor, la trampa, el lazo, la trampa, la perdición, el pozo, el lugar más oscuro, la oscuridad total, o de la profunda oscuridad. Elimina los lazos, las trampas y las redes que han atado mi alma, mi espíritu, mi cuerpo y mi salud en las profundidades impías.

16

INTRODUCCIÓN A LA ORACIÓN PARA LIBERAR
Los Tesoros de la Oscuridad

La Oración para Liberarse de la Profundidad Impía recién había sido completada, pero era claro que el Señor no había terminado con Su revelación. Aparentemente otra oración estaba naciendo, mientras el Señor nos habló sobre las bendiciones financieras que habían sido retenidas a causa de los pecados generacionales. A medida que la revelación fluía, yo estaba orando acerca de las preguntas que necesitábamos hacerle al Señor, porque ya nos habíamos arrepentido por todo en lo que pudimos pensar en arrepentirnos. Una señora sentada a mi lado había estado despierta toda la noche, orando y buscando al Señor por una solución a nuestro dilema. De repente, ella dijo la frase, "Año del Jubileo", y supe que ella nos había proporcionado la solución. Teníamos que arrepentirnos por todos los años de jubileo que nuestros antepasados fallaron en cumplir. Debido a que las deudas no habían sido canceladas, todos aquellos en nuestra línea familiar seguían pagándolas, incluso cuando estás deudas seguían aumentando. El enemigo ha retenido a nuestras líneas familiares en esclavitud financiera, por muchas generaciones.

Cuando terminamos la oración, sentí que habíamos hecho lo que teníamos que hacer, pero nos preguntamos si cosecharíamos algún beneficio. Decidí que no iba a decirle a nadie hasta que viera alguna prueba tangible de que la oración realmente había logrado el objetivo deseado.

Durante este tiempo yo había estado viajando, y cuando llegué al aeropuerto para volver a casa contraté un transporte para ayudarme con mi equipaje y el boleto. Debido a que traía material extra que llevaba a casa, yo sabía que iba a tener que pagar por lo menos US$ 60 en cargos por el exceso de peso. El taxista llevó el equipaje a la terminal y regresó con mi boleto. Yo tenía mi billetera preparada para pagar los cargos, pero él me dijo que no había ningún cargo. Me quedé pasmado. Entonces le di gracias al Señor por esta bendición, y le dije que yo estaba muy agradecido con esto, pero que todavía quería ver la gran respuesta a la oración.

Volví a casa y me las arreglé para no decirle a nadie sobre la nueva oración. Pasaron un par de semanas, y un día mientras yo estaba en Aslan's Place, Donna, me llamó. Era evidente que ella estaba muy emocionada. Ella me dijo que una señora había venido a nuestra puerta y le había dado un gran cheque. Le dijo que no era para Aslan's Place, ni para mí, sino que era para ella; y que era un pago por todo lo que ella y su línea generacional habían perdido. Yo estaba pasmado, pero ahora ¡era un creyente total! El Señor realmente nos había llevado a una nueva comprensión de cómo recuperar lo que se ha perdido en nuestra línea generacional.

17

ORACIÓN PARA LIBERAR
Los Tesoros de la Oscuridad

Señor, me arrepiento por mí y mis ancestros, por ponernos de acuerdo con Satanás y buscar la riqueza a toda costa; deseando nuestra propia gloria, riqueza y posición a expensas de los demás y de las generaciones futuras.

Señor, yo me arrepiento por los siguientes pecados:

- *Recibir y ponernos de acuerdo con los sonidos, palabras y canciones de Satanás; por pedirle que nos haga ricos y famosos sin importa el costo.*

- *Desear mi propia gloria en este lado de la eternidad, en lugar de esperar en Dios que justamente, generosamente, amablemente y extravagantemente me cuide y recompense en esta vida y en la próxima.*

- *Manipular sonidos y palabras para que me hagan ver bien y estar a la cabeza de todo sin importar el costo.*

- *Elevarme a mí mismo en lugar de rendir mi vida por los demás.*

- *Robar la Gloria de Dios, proclamándome a mí mismo como un gobernante, en lugar de justamente honrar a Dios, como el único Rey de Reyes.*

- *Querer ser el centro del universo y que todo el mundo me vea y me preste atención, en lugar de alabar, honrar y dar gloria a Dios, el único sabio y verdadero Rey de Reyes.*

- *Por negociar todo lo que poseemos y valoramos - incluyendo a los padres, hermanos, cónyuge e hijos - con el fin de recibir riquezas terrenales, alabanza y adoración.*

- *Por sacrificar a mis hijos por riquezas y promoción, dejándolos emocionalmente faltos del liderazgo de los padres, de límites de protección, abrazos, mimos y afecto que sólo el amor de un padre puede darles.*

- *Pronunciar declaraciones negativas, vergüenza, y maldiciones sobre la familia y otras personas en vez de bendecirlos.*

- *Ponerme de acuerdo con las maldiciones y mentiras que el enemigo habló sobre mí y mi familia por medio de líderes impíos y lobos con piel de cordero.*

- *Recibir mi identidad del hombre y de lo que los demás piensan de mí en lugar de Ti.*

- *Por verme solo a mí mismo, mis necesidades y lo que quiero, en lugar de ver primero a Dios y las necesidades de los demás.*

- *Adornarme lujosamente sin cubrir al desnudo y ocuparme del necesitado.*

- *No guardar mi corazón o discernir correctamente mis emociones y respondiendo en el alma en lugar de con el espíritu.*

- *No pedirte que selles, me protejas y cierres las entradas del enemigo en mi vida.*

- *No honrar Tu sabiduría, Tu creación, Tu diseño a nivel atómico y subatómico, de manera que Tu gloria sea manifiesta y Tu luz se vea a través de mi vida antes de la concepción y hasta el día de hoy.*

- *No administrar correctamente la creación de Dios, teniendo dominio divino sobre la tierra en lugar de abusar codiciosamente de Tus recursos, poniéndome de acuerdo con el espíritu de codicia y adoración a Mammon el dios de las riquezas, en lugar de Ti.*

- *Desear el poder y el control que el dinero trae y no someterme a Tu control.*

- *Desear Tus bendiciones, sin querer posicionarme en Ti para ser bendecido y ser de bendición para otros.*

- *Por la codicia de mis antepasados que regalaron mi herencia; sus mentiras, avaricia, codicia y por robarle a las generaciones futuras.*

- *Negociar ilegalmente la herencia de las generaciones futuras por la gratificación inmediata, no teniendo fe en el Rey de Reyes por la provisión.*

- *Amar el dinero más que a Ti, y por apegarme a las cosas de este mundo.*

Señor, por favor, te pido que quiebres todas las consecuencias de estos pecados; destruye todas las maldiciones, vergüenza y victimización; sé el Rey sobre todo lo que pienso y siento; cancela todas las obligaciones que mis antepasados pusieron sobre mí de pagar lo que se debe, por una negociación en el pasado. Apelo a Tu justicia y Tu sangre derramada en la cruz, y te pido que declares en Tu corte celestial que los acuerdos impíos son ilegales, son anulados y quedan sin efecto.

Yo rompo los acuerdos con el amor al dinero, y suelto todas las cosas de este mundo.

Por favor corta todas los enlaces impíos a la riqueza.

Yo te prometo mi amor a Ti, Jehovah Jireh, y mirarte solo a Ti por la provisión. Declaro que Tú eres el Gran Yo Soy; la fuente de todo lo que tengo, todo lo que soy y todo lo que seré. Tú eres mi Señor y mi Redentor.

Oro la oración de Abraham Lincoln:

Nos hemos olvidado de Ti, Señor. Nos hemos olvidado de Tu mano de gracia la cual nos preservó en paz, multiplicó, enriqueció y nos fortaleció, y hemos imaginado vanamente, en el engaño de nuestros corazones, que todas estas bendiciones fueron producidas por alguna sabiduría superior y virtud nuestra. Intoxicados con un éxito ininterrumpido, nos hemos vuelto demasiado autosuficientes como para sentir la necesidad de una gracia redentora y preservadora, demasiado orgullosos para orar al Dios que nos creó.

Yo me arrepiento por el orgullo, la autosuficiencia, y por no dar gracias por Tus abundantes bendiciones.

Yo me arrepiento por valorar el tiempo y mi propia agenda más que a Ti; por amar el tiempo y el control del tiempo, "mi" tiempo, tiempo de calidad, en lugar de entrar en Tu tiempo y pedirte que ordenes mi día, conforme a Tu deseo. Por favor, perdóname por permitir que el tiempo me controle y por no buscarte a Ti primero; por no buscar Tu descanso y restauración. Señor, te pido que por favor me sueltes de cualquier deformación del tiempo impía o de los lugares en los que he estado atascado en el tiempo. Por favor, restablece mi línea de tiempo generacional de acuerdo a Tu línea de tiempo Kairos y reconcíliame con Tu correcta línea de tiempo Kairos. Por favor, quítame de toda línea de tiempo impía del enemigo en la profundidad; purifica mi tiempo con Tu agua viva; lava todas las viejas líneas del tiempo. Por favor alinea mi reloj interno para sincronizarlo con el latido de Tu corazón, sonido y movimiento.

Señor, por favor, limpia todos los elementos de mi cuerpo físico y del cuerpo de Cristo. Declaro que seré una piedra viva, correctamente colocada, junto al Cuerpo de Cristo en la eternidad contigo.

Señor, te pido por favor regrésale a mi ADN todos los componentes que fueron regalados o robados de mi línea generacional; alinea correctamente el orden y la secuencia de todos los componentes de mi ADN; restaura la salud, la riqueza, la bendición y el favor que deberían ser inherentes a la estructura de mi ADN; revierte la maldición en mi ADN desde que Adán pecó, y regrésame mi bendición original que fue diseñada para el ADN de mi familia; y libera todas las bendiciones inherentes que se le dio al ADN de mi familia.

Señor, por favor suelta los componentes de mi ADN que fueron atrapados por el robo, el comercio ilegal y por haber sido regalados por mis antepasados a cambio de la gratificación inmediata del enemigo. Por favor restablece ambas, tanto la vibración de los electrones que conectan las partes elementales de mi

ADN, como la frecuencia correcta y la vibración de los enlaces químicos en mi ADN.

Yo declaro que toda la tierra Te pertenece. Por favor quítame de todos los lugares impíos en los cielos, la profundidad, la longitud, la anchura y la altura, y restablece la red correcta en la tierra, sobre la tierra y debajo de la tierra.

Señor, por favor desentierra los tesoros de las tinieblas robados a mi línea generacional y del reino de Dios, y elimina los guardianes impíos sobre los lugares impíos en las profundidades, que retienen lo que me pertenece a mí y a Tu reino. Declaro que todo lo que tengo y todo lo que se me debe te pertenece a Ti y a Tu reino.

Señor, yo apelo a Tu palabra escrita y a las leyes espirituales que has establecido en Tu reino- las leyes de Tu reino. Donde las leyes del Rey gobiernan, habrá un año de Jubileo; y desde que Tú honraste esa ley miles de años atrás, yo declaro que han habido múltiples jubileos, y reclamo por todos ellos, declarando que hoy es mi Día de Jubileo. Declaro que toda negociación impía hecha por mis ancestros y la deuda que he estado pagando es anulada y queda sin ningún efecto; está cancelada y no existe más. Pido un retorno de siete veces al precio de mercado actual por todo lo que se ha perdido, robado o regalado de mi línea generacional.

Señor, yo me anticipo a través de la fe y declaro que mi negociación se llevará a cabo en la fe. Mi confianza está en ti Señor, y yo negocio por la fe y digo que Tú tienes mi vida. Confío en Ti y te agradezco, porque yo sé que se llevará a cabo de acuerdo a Tu tiempo.

Señor, presento esta oración ante la corte celestial como la oración de mi corazón. Te pido te apropies de esta oración en mi vida personal; Señor te pido por Tu justicia; te pido que esta oración entre en Tus atrios como un documento legal. Jesús, como mi Abogado, te pido que vayas ante el Padre, y le pidas que declare esto como un "trato cerrado" en mi vida y en mi línea generacional.

18

ACONTECIMIENTOS QUE NOS CAMBIAN LA VIDA
A lo Largo del Camino

El Señor me habla a menudo por medio de los sueños, y la revelación de la Estrella de la Mañana comenzó con uno. Una noche soñé que estaba bajando de un autobús y me trasladaba a otro, sabiendo que todavía tenía un tercero al que ir. Embarcando el segundo autobús y sentándome justo detrás del asiento del conductor, me di cuenta de que me había dejado el bolso de la computadora y el equipaje en el autobús anterior. Estábamos en camino a Santa Fe Springs, California.

Un día después del sueño, yo estaba yendo para Las Vegas, para un día de ministerio en el segmento de los mercados. Fue la primera vez en mi vida que recuerdo haber volado sin ningún equipaje (y al momento tengo 2.200.000 millas en American Airlines). Mientras viajaba al aeropuerto, llamé por teléfono a uno de nuestros intercesores que interpreta sueños y le pedí que averiguara lo que significa Santa Fe Springs. Ella buscó el nombre de la ciudad y me llamó enseguida; y me quedé asombrado al saber que Santa Fe Springs significa Manantiales de Fe Santa. Yo estaba en mi camino a la "fe santa", la cual necesitaba brotar como manantiales. Luego ella dijo: "Estás solo comenzando la segunda parte de la tercera parte de tu vida", y pensé: "Señor, yo ya estoy muy cansado." Pero yo sabía que estábamos a punto de ir en una nueva dirección.

Yo era un pastor Bautista Americano. Había crecido como un Bautista del Sur y después llegué a ser un Bautista Americano ya en la universidad. Ocasionalmente forme parte del personal de la iglesia, regresé al seminario, me convertí en pastor y luego pastoreé por veinte años. Usted podría decir que mi vida era simplemente una rutina, hasta el Sábado 7 de octubre de 1989 a la 1:00 de la tarde, cuando el Señor me sorprendió durante una sesión de oración y siguiendo Su dirección, realicé mi primera liberación sin saber lo que estaba haciendo. *Ravens (Cuervos)* es el libro que escribí sobre esa experiencia. Para mí, fue un día que me cambió la vida, y nunca ha sido la misma desde entonces. Pero esta fue solo la primera experiencia que me cambió la vida- habían más por venir.

El segundo evento que me cambió la vida se produjo en agosto de 1991 cuando, por primera vez, empecé a sentir presión en mi cabeza. El Señor me empezó a enseñar acerca de discernir demonios; luego ángeles, y luego una hueste de otros seres espirituales que son descriptos en *Spiritual Servants of the Most High God. (Siervos Espirituales del Altísimo).*

En mayo del 2009, di otro salto de fe que se volvió el tercer evento que cambió mi vida. El primer domingo del mes yo estaba llevando a cabo una escuela de fin de semana con un grupo de alrededor de catorce años. Mi esposa, Donna, había estado sufriendo terriblemente de dolor a causa de una lesión en el hombro, hice la escuela en nuestra casa, así no tendría que dejarla sola. De repente, alguien vio una foto del calendario Maya. Empezamos a orar preguntándole al Señor por qué Él quería que nos concentráramos en esto. El Señor nos dijo que los Mayas habían afectado espiritualmente la tierra de Hesperia[268] donde vivíamos.

Nuestra casa de tres años, estaba situada en un terreno que nunca había sido desarrollado antes, y había algo clave con respecto a eso. Mientras esperamos en el Señor, Él dijo: "Es necesario limpiar la tierra." Así que nos reunimos y simplemente dijimos una oración muy profunda: "Señor, limpia la tierra." Inmediatamente empecé a sentir que la brujería salía de la tierra - era una liberación masiva y estábamos todos muy conmocionados. Yo había vivido en esa casa durante tres años, pero nunca había discernido este nivel de brujería. Pude sentirlo saliendo de la tierra por poco más de una hora. De repente, hubo un cambio espiritual y experimenté la manifestación de un nuevo ser espiritual. Fue sólo más tarde que comprendí que estaba discerniendo un ser llamado estrella o estrella de la mañana. Después de un tiempo, también descubrí que Hesperia significa "Estrella en el Oeste."

Durante muchos días después, el ser se manifestó poderosamente en mi cabeza, apenas podía dormir de noche, porque todo mi lado izquierdo me ardía y sentía como que estaba cubierto con pesas calientes. Con la presión también tenía una sensación de algo así como si fueran las bengalas del 4 de Julio, que irradiaban de mi cuerpo.

Cuando empecé en el ministerio de liberación, se me dijo que un día iba a decir una palabra y el enemigo sería arrojado fuera, no era consiente en ese momento que esto era lo Jesús hizo. Algunos años más tarde, un amigo desde Alaska me llamó y me dijo: "Tengo este pasaje para ti-Mateo 8:16." Fui a ese versículo y quedé sorprendido al descubrir que se trataba de cómo, con una sola palabra, Jesús echó fuera el mal. Mi amigo me preguntó si yo sabía lo que quería decir el verso y le respondí: "Yo creo que sí." Así que lo probé; dije una palabra, y de repente, me adentraba en la persona y podía sentir la liberación saliendo de él.

Desde el discernimiento de la estrella, mi vida ha cambiado radicalmente. A menudo, a medida que el Señor me estaba entrenando, a veces yo batallaba por horas o días en contra del reino demoníaco. Ahora, con la revelación de la estrella, hay un poder tremendo.

La estrella parece manifestarse de dos maneras diferentes – ya sea irradiando hacia fuera como una bengala o volviéndose como un agujero negro que absorbe el mal. La liberación se produce rápidamente - tan rápido que nada puede interponerse contra el poder de la estrella. En algún nivel esta estrella parece convertirse en un agujero negro del que ningún mal puede escapar. Este es el poder que el Señor está desatando en la tierra para la liberación y para la libertad.

19

REVELACIÓN DE
La Estrella de la Mañana

¿Qué son estas estrellas? Como pastor Bautista, yo había enseñado que un tercio de las estrellas cayeron y que eran ángeles. Como he mencionado antes, el Señor nos está mostrando que la Biblia quiere decir lo que dice y no lo que decimos que significa. Las estrellas no son ángeles, sino otro tipo de seres espirituales. La Biblia habla a menudo de las estrellas.

Job 38:4-7 relata el comienzo de la respuesta del Señor al argumento de Job acerca de su sufrimiento,

> *"¿Dónde estabas tú cuando puse los cimientos de la tierra? Dímelo, ya que sabes tanto. ¿Quién decidió sus dimensiones y extendió la cinta de medir? ¿Qué sostiene sus cimientos y quién puso su piedra principal mientras las estrellas de la mañana cantaban a coro y todos los ángeles gritaban de alegría?"*

Algunos comentaristas especulan "hijos de Dios y las estrellas" son frases que son ejemplos del paralelismo hebreo; un método utilizado para explicar la forma en que un hebreo declara una palabra o frase en una dirección y luego la expresa de otra manera.

De acuerdo con esta doctrina, "estrellas de la mañana" se repetirán de alguna manera como "hijos de Dios". Otros han enseñado que las estrellas eran simplemente una descripción de los ángeles. Como el Señor nos permitió experimentar una estrella como una especie separada de ser spiritual, nos dimos cuenta que no estábamos percibiendo ángeles sino estrellas. También se puso de manifiesto que todos pareciéramos tener al menos una estrella asignada a nosotros.

Después de un momento del comienzo de esta revelación yo estaba preocupado por un pasaje en Apocalipsis 1:20: *"Este es el significado del misterio de las siete estrellas que viste en Mi mano derecha y de los siete candelabros de oro: las siete estrellas son los ángeles de las siete iglesias, y los siete candelabros son las siete iglesias."* La Biblia en esta versión (Nueva Traducción Viviente) dice claramente que las estrellas son los ángeles. Si la nueva revelación era cierta, ¿cómo podría ser esto? Así que busqué la palabra griega para ángeles. *Angelos* es la palabra griega para ángeles, que también se traduce correctamente como "mensajeros". Por ejemplo, en Mateo 11:10, Juan el Bautista es llamado un *angelo* o mensajero, sin embargo, es claro que él no es un ángel. Por lo tanto, yo creo que la traducción correcta del Apocalipsis sería: "El misterio de las siete estrellas que has visto en mi diestra, y los siete candeleros de oro: las siete estrellas son los mensajeros de las siete iglesias, y los siete candeleros que has visto, son las siete iglesias."

Estas estrellas parecen ser muy poderosas, y de acuerdo a la escritura batallan por nosotros. Jueces 5: 19-20 ilustra esta verdad: *"Vinieron los reyes y pelearon, entonces los reyes de Canaán pelearon en Taanac, junto a las aguas de Meguido; Ellos no tomaron despojos de la plata. Lucharon desde los cielos; Las estrellas desde sus órbitas pelearon contra Sísara."*

Ahora, miremos lo que dice en Apocalipsis 2:18-28.

> *Escribe esta carta al ángel de la iglesia de Tiatira. "Este es el mensaje del Hijo de Dios, el que tiene los ojos como llamas de fuego y los pies como bronce pulido: 'Yo sé todo lo que haces; he visto tu amor, tu fe, tu servicio y tu paciencia con perseverancia. Y veo tu constante mejoría en todas estas cosas'. Pero tengo una queja en tu contra. Permites que esa mujer —esa Jezabel que se llama así*

misma profetisa— lleve a mis siervos por mal camino. Ella les enseña a cometer pecado sexual y a comer alimentos ofrecidos a ídolos. Le di tiempo para que se arrepintiera, pero ella no quiere abandonar su inmoralidad. Por lo tanto, la arrojaré en una cama de sufrimiento, y los que cometen adulterio con ella sufrirán terriblemente, a menos que se arrepientan y abandonen las maldades de ella. Heriré de muerte a sus hijos. Entonces todas las iglesias sabrán que yo soy el que examina los pensamientos y las intenciones de cada persona. Y le daré a cada uno de ustedes lo que se merezca. Pero también tengo un mensaje para el resto de ustedes en Tiatira, los que no han seguido esa falsa enseñanza ("verdades más profundas", como ellos las llaman, que en realidad son profundidades de Satanás). No les pediré nada más, solo que retengan con firmeza lo que tienen hasta que yo venga. A todos los que salgan vencedores y me obedezcan hasta el final: Les daré autoridad sobre todas las naciones. 'Gobernarán las naciones con vara de hierro y las harán pedazos como si fueran ollas de barro'. Tendrán la misma autoridad que yo recibí de mi Padre, ¡y también les daré la estrella de la mañana!"

Mientras estaba investigando el concepto de que la estrella es una entidad espiritual, les dije a algunos que cuando yo estaba orando por la gente, sentía la liberación como cuando la cerámica es rota en pedazos. Imagine mi sorpresa cuando, después de la revelación de la estrella, descubrí que la última frase dice, *"Ellos serán estrellados en pedazos como vaso de alfarero', como también yo he recibido de mi Padre; y yo le daré la estrella de la mañana."*

Este combate es muy agresivo y efectivo, y parecía dar como resultado la ruptura de los planes del enemigo. La palabra traducida para "naciones" es realmente la palabra griega *ethos*, que significa "los pueblos". Vi eso y me quedé muy sorprendido. Me di cuenta de que el poder que el Señor está lanzando sobre su iglesia es el poder sobre los pueblos, en la línea generacional. Él está quebrando el mal en la línea generacional como una pieza de cerámica. Él está destruyendo el mal en nuestra línea familiar, destrozándolo, y absorbiéndolo dentro de un agujero negro para que nosotros podamos vivir en libertad. Aquí hay más evidencia del poder de las estrellas y la forma en que están vinculados a nuestra posición en Cristo.

20

LA ESTRELLA Y
El Cuerpo de Cristo

Temprano en mi ministerio de liberación el Señor me enseñó a discernir el pentagrama en las personas. Podía sentir los cinco puntos calientes en sus cuerpos. Después de la revelación de la estrella, me di cuenta de que el pentagrama es simplemente una perversión de la estrella. Cuando comencé a discernir la estrella, notaba una sensación de ardor en los pies, las manos y la frente. El poder de Dios era tan fuerte en mí.

Ese domingo por la tarde también me di cuenta de que podía sentir siete puntos calientes en el cuerpo de una persona. Fue entonces cuando me di cuenta de que yo estaba discerniendo los siete puntos llamados *Chakras* por aquellos en el hinduismo y en el movimiento de la Nueva Era. Estos puntos calientes están en la frente, la boca, el cuello, el corazón, el plexo solar, los genitales y la cabeza.

Empecé pidiéndole al Señor que me revelara el nombre bíblico de estos puntos. Después de un período de tiempo recordé Zacarías 4:10: *"No menosprecien estos modestos comienzos, pues el Señor se alegrará cuando vea que el trabajo se inicia y que la plomada está en las manos de Zorobabel. Las siete lámparas representan los ojos del Señor que recorren toda la tierra".*

Ahora compare el pasaje de Zacarías con Apocalipsis 5:6: *'Entonces vi a un Cordero que parecía que había sido sacrificado, pero que ahora estaba de pie entre el trono y los cuatro seres vivientes y en medio de los veinticuatro ancianos. Tenía siete cuernos y siete ojos que representan los siete aspectos del Espíritu de Dios, el cual es enviado a todas las partes de la tierra".*

Sugiere que los siete ojos del Cordero son estos siete puntos de "poder" en el cuerpo. Estos siete puntos están vinculados de alguna manera a los siete espíritus de Dios (ver Isaías 11: 2).

Me sorprendió cuando estaba discerniendo estos "puntos calientes" en una mujer cuando de repente, sentí que el punto caliente se movió sobre su corazón. Yo pensé "Señor, ¿por qué el punto caliente se movió al corazón?" Poco tiempo después sentí que el calor se movió de regreso al centro del cuerpo por el corazón. Una persona, entonces recordó la escritura de 2 Pedro 1:19: *"Debido a esa experiencia, ahora confiamos aún más en el mensaje que proclamaron los profetas. Ustedes deben prestar mucha atención a lo que ellos escribieron, porque sus palabras son como una lámpara que brilla en un lugar oscuro hasta que el Día amanezca y Cristo, la Estrella de la Mañana, brille en el corazón de ustedes".*

Justo después del evento en mayo, uno de nuestros intercesores dijo, "Puesto que el Señor soltó esa estrella para nosotros, esta estrella ha salido en líneas y está tocando a todo el mundo por el cual usted ha orado." Hay más para entender sobre los ojos del Señor, pero parece que estamos conectados a otros creyentes por los ojos del Señor.

Un par de días más tarde, mi hijo llamó, él estaba con un grupo de jóvenes en el desierto. Tenían un telescopio y querían mirar las estrellas. Él dijo, "papá, está haciendo mucho viento. ¿Quieres orar para que el viento se detenga?" Nos juntamos y dijimos, "Señor, ¿pararías el viento?" y el viento se detuvo. Nunca en toda mi vida he visto una respuesta tan inmediata a la oración. Yo me pregunté si de alguna manera hay poder ligado a los ojos del Señor.

A continuación, un amigo mío, el mismo amigo con el que había ido a pasar un tiempo en Las Vegas, me llamó y me dijo, "Paul, tengo que decirte que tengo un buen amigo que es cuadripléjico. Fui a su casa y oré por él y de repente, levantó su pie cuatro pulgadas." Hemos visto respuestas increíbles a la oración desde la revelación de la estrella. Ahora miremos lo que dice en Salmo 16:1-6:

> Mantenme a salvo, oh Dios, porque a ti he acudido en busca de refugio. Le dije al SEÑOR: "¡Tú eres mi dueño! Todo lo bueno que tengo proviene de ti". ¡Los justos de la tierra son mis verdaderos héroes! ¡Ellos son mi deleite!

> A quienes andan detrás de otros dioses se les multiplican los problemas. No participaré en sus sacrificios de sangre ni siquiera mencionaré los nombres de sus dioses. Señor, solo tú eres mi herencia, mi copa de bendición; tú proteges todo lo que me pertenece. La tierra que me has dado es agradable; ¡qué maravillosa herencia!

Una semana antes de la revelación de la estrella, una señora vino a nuestra escuela de fin de semana en domingo. Ella no había estado allí el sábado y cuando llegó, le dije, "Se suponía que usted estuviera aquí hoy, ¿no es así?" y dijo, "Sí, el Señor me dijo que viniera." Cuando ella entró, de repente discerní una proyección astral, que es una práctica de cultos y de los de la Nueva Era. (En realidad viajan con su alma a otros lugares. Los que lo han experimentado dicen que pueden sentir su cordón de plata, que es el cordón espiritual que puedo sentir que está ligado al ombligo). La miré y le dije, "Usted tiene todas estas líneas que salen de su cuello. Es como si la gente se proyectara astralmente a través de su cuello, como si usted estuviera atascada en algún lugar impío y la proyección astral está en realidad viajando en estas líneas a través de usted." Ella preguntó, "¿Qué debemos hacer?" Le dije, "Bueno supongo que será mejor que la saquemos de allí", así que oramos y le pedimos al Señor que la sacara de ese lugar impío.

Más tarde, después de la revelación de la estrella, de alguna manera llegamos a Cantar de los Cantares 4:4, *"Tu cuello es tan hermoso como la torre de David, adornado con los escudos de mil héroes"*, así que me acerqué a alguien y comprobé que podía discernir, y podía sentir todas estas líneas que salían del cuello de la persona. Hay algo significativo acerca de cómo *"las cuerdas cayeron en lugares deleitosos y es hermosa la herencia que me ha tocado"* (Salmo 16: 6 RV1960) se refiere a estos escudos. La mujer Sulamita en el Cantar de los Cantares simboliza la Iglesia, y Salomón simboliza a Jesús como el Esposo. La mujer Sulamita es la Novia. Como la novia, usted tiene todas estas líneas saliendo de usted y de alguna manera están ligadas a la estrella.

La revelación de la estrella y las estrellas se encuentra en la etapa infantil. En los próximos libros sobre *Explorando los Lugares Celestiales* hablaremos de nuestro crecimiento en la sabiduría del Señor acerca de las estrellas.

21

ORACIÓN PARA LIBERAR
La Estrella de la Mañana

Padre Dios, me arrepiento por mí y mis antepasados por permitir que mi luz se vuelva pálida, impidiéndome que deje que tu Gloria brille a través de mí. Perdóname por no volverme parte de la naturaleza divina de Cristo, permitiendo por el contrario que la corrupción del mundo apagara el reflejo de Cristo dentro de mí.

Señor, gracias por ser luz, y que no hay ninguna oscuridad en Ti. Me arrepiento por reclamar el tener comunión contigo, pero a la vez estar caminando en oscuridad; mintiendo y no practicando la verdad; y ser cegado por la luz. Espíritu Santo, enséñame a caminar en la Luz de mi Señor Jesús. Padre Dios, límpiame por la sangre de Jesús de todo pecado para que yo pueda tener comunión contigo y con el Cuerpo de Cristo.

Yo me arrepiento por decir que te conozco y no guardar Tus mandamientos; por odiar a mi hermano, por no ayudarle en su momento de necesidad y cerrar mi corazón contra él.

Enséñame a amar en hechos y en verdad para que pueda habitar en la luz. Remueve la oscuridad que ha cegado mis ojos.

Yo renuncio al amor al mundo y a las cosas del mundo, dejando fuera el amor del Padre. Me arrepiento por la concupiscencia de la carne, la concupiscencia de los ojos, y la vanagloria de la vida. Elijo hacer la voluntad del Padre, y orar por discernimiento para no ser engañados en los últimos días por el espíritu del anticristo. Espíritu Santo, te pido por la revelación de la verdad para que yo pueda practicar la justicia, habitar en Tu luz, y no dejarme engañar.

Yo me arrepiento por la celebración de la letra de la ley, en lugar de abrazar el Espíritu. Deja que mi fe sea dependiente de la demostración del Espíritu y de Su poder en lugar de la sabiduría humana. Deja que la sabiduría de Dios sea revelada dentro de mí por el Espíritu de Dios para que yo pueda conocerlo.

Yo me arrepiento por practicar el pecado, la anarquía, y el engaño. Espíritu Santo, como un hijo de Dios, por favor enséñame a mantener los ojos fijos en Ti para que puedan volverse puros; un imitador de mi Señor Jesús.

Padre Dios, tu Palabra dice que Tú eres un Dios celoso y que no he de tener otros dioses delante de Ti. Me arrepiento por entrar en la idolatría a través de:

- *Olvidar tus mandamientos*
- *Hacer ídolos.*
- *Hacer postes de Asera*
- *Inclinarme a los astros del cielo*
- *Adorar a Baal*
- *Levantar altares a Baal*
- *Construir altares a todos los astros del cielo en ambos atrios de la casa de Jehová*
- *Consultar médiums y brujos espiritistas*
- *Sacrificar a nuestros hijos e hijas en el fuego*
- *Practicar adivinación y brujería*
- *Decirnos a nosotros mismos que hagamos lo malo ante sus ojos, y provocando Tu ira*
- *Maldecir en nombre de Moloc*
- *Darte la espalda y no seguirte, ni buscarte, ni consultarte*
- *Practicar la violencia y el engaño*

- *Seguir los caminos del enemigo tratando de ascender al cielo, construyendo mi propio reino, levantando mi trono por encima de las estrellas de Dios, buscando sentarme entronado en el monte de la asamblea en las máximas alturas de la montaña sagrada, ascendiendo por encima de las nubes, y tratando de hacerme a mí mismo como el Altísimo*

Señor, por favor quiebra las consecuencias de estos pecados – aislamiento de Ti, aflicción, los efectos de ser saqueado, removido de Tu presencia, vagando por la tierra que diste a mis antepasados, anarquía, y la lucha entre padres e hijos.

Dios Padre, me arrepiento por no mostrar y buscar la bondad; no buscar el conocimiento justo y recto; no demostrar autocontrol o perseverancia, y no mostrar devoción, afecto fraternal o amor. Por favor, quiebra las consecuencias de la ineficacia, miopía, ceguera y la improductividad en mi conocimiento de Jesucristo.

Padre, gracias porque todo don bueno y perfecto viene de lo alto, que desciende de Ti, Padre de las luces celestiales; que Tú no cambias como sombras cambiantes; y que las estrellas de la mañana cantaron juntas y todos los seres celestiales se regocijaron.

Yo me arrepiento por:

- *Adorar a los cuerpos celestes, ejércitos, estrellas y planetas; especialmente Venus, que es llamada Estrella de la Mañana*
- *Pedir deseos a las estrellas*
- *Hacer decisiones basado en las estrellas*
- *Tratar de leer los tiempos a través de las estrellas*
- *Adorar a las estrellas*
- *Practicar astrología*
- *Tolerar a Jezabel*
- *Cometer adulterio con Jezabel*
- *Sostener sus enseñanzas*
- *Abrazar los llamados secretos ocultos de Satanás*

Padre, quita de mí el sufrimiento intenso y las consecuencias de ponerme de acuerdo con y tolerar a Jezabel. Señor Jesús, enséñame a aferrarme a lo que tengo hasta Tu regreso. En vencer a Jezabel, recibiré autoridad sobre las naciones, para regirlos con vara de hierro y hacerlos añicos como pedazos de cerámica, al igual que Tu recibiste la autoridad de Tu Padre; y yo te recibiré a Ti, la Estrella de la Mañana. Dame oídos para oír lo que Tú, Espíritu de Dios, dices a Tu iglesia.

Me arrepiento por tener y ser la luz del mundo, pero esconderla debajo del almud. Perdóname por no dejar que mi luz brille ante los hombres, para que puedan ver mis buenas obras y glorifiquen a mi Padre en el cielo.

Dios Padre, gracias porque Tu poder divino me ha dado todo lo que necesito para la vida y devoción a través del conocimiento de Ti; gracias por llamarme para Tu propia gloria y bondad. Tú me has dado Tus preciosas y grandísimas promesas, a través de las cuales puedo participar en la naturaleza divina y escapar de la corrupción en el mundo causada por los malos deseos.

Padre Dios, por favor enséñame y capacítame para poder añadir

- *A mi fe, bondad*
- *A mi bondad, conocimiento*
- *A mi conocimiento, auto-control*
- *Al auto-control, perseverancia*
- *A la perseverancia, piedad*
- *A la piedad, amor fraternal*
- *Al amor fraternal, amor*

Yo declaro que si mantengo estas cualidades en crecimiento, ellas me van a impedir ser inefectivo e improductivo en mi conocimiento de Ti. Si hago estas cosas, nunca voy a caer.

Padre, gracias por darme Tu Palabra a través de los profetas, enséñame a prestar atención a ella como a una luz que ilumina en la oscuridad hasta que despunte el día y la estrella de la mañana se levante en mi corazón. Señor devuélveme Tu presencia, y levanta la estrella de la mañana en mi corazón.

Me arrepiento por haberme puesto de acuerdo con el enemigo y aceptar la cobertura impía del enemigo que oculta la luz del Señor. Por favor, elimina las coberturas impías, las marcas y el fuego de mí. Renuncio a todos los acuerdos con el enemigo, y te pido que quites la gasa oscura y la sombra colocada sobre mí que impiden que Tu luz brille en mí. Quema la oscuridad y la corrupción con Tu fuego y Tu luz.

Me arrepiento por permitir que el velo de la incredulidad y de la duda me venciera. Señor, por favor, quita los velos de mi corazón que me impiden entender y recibir Tu verdad y que brille Tu luz delante de los hombres.

Señor, por favor quita la vestidura de angustia y reemplázala con un manto de alegría; levanta el luto y reemplázalo con Tu óleo de gozo; levanta las cenizas y esperanzas frustradas y reemplázalas con belleza. Por lo tanto, seré llamado un roble de justicia, mostrando el esplendor y la luz del Señor.

Señor, en lugar de la cobertura impía, por favor cúbreme con Tus plumas y escóndeme bajo el amparo de tus alas donde yo puedo encontrar refugio.

Señor, por favor

- *Remueve el velo que está sobre mi corazón, impidiéndome que reciba Tu verdad*
- *Remueve el velo que cubre Tu luz y gloria, que brillan a través de mí.*
- *Remueve todas las vibraciones impías, sonidos, números, secuencias y luces del enemigo; y redime todo lo que el enemigo le ha robado a mi línea familiar y devuélvenos siete veces más.*
- *Redime, ajusta y alinea los sonidos musicales, ecuaciones, colores, luces, vibraciones y el ADN que el enemigo ha manipulado y utilizado para sus propósitos.*

Yo me arrepiento por levantar estructuras impías como la torre de Babel, pirámides, zigurates, lugares altos, pináculos, templos y monumentos de piedra, con el fin de llegar a ser como Dios; por construir su reino y adorar a las huestes celestiales. Me arrepiento por cualquier alineación impía con las estrellas y los planetas. Por favor, derriba las estructuras impías y construye Tus estructuras divinas en la piedra angular de Jesucristo y el fundamento de los apóstoles y profetas.

Señor, por favor te pido me desconectes de las estructuras impías y las tierras contaminadas por mis ancestros. Límpiame de caminar sobre la tierra profanada y descontamina las líneas multidimensionales, para restablecer Tus caminos de santidad.

Me arrepiento por elevar a celebridades, ministros, líderes de alabanza, políticos y estrellas de cine a la condición de ídolos; y por adorarles a ellos como estrellas y héroes. Señor, perdóname por acercarme a la gente en una dependencia impía, yo te los suelto a Ti ahora. También perdono a aquellos que se acercaron a mí de la misma manera y rompo con todas las conexiones impías que han sido puestas sobre mí, para drenar mi energía y unción. Perdóname por sacar mi identidad de los demás en lugar de encontrarla en Ti, como hijo de Dios con privilegios de hijo.

Señor, por favor, elimina y desconéctame de las dimensiones impías, agujeros de gusano, portales; incluyendo portales del tiempo y las dimensiones de tiempo que me permiten construir el reino del enemigo. Por favor, desconéctame de las piedras y estructuras impías que construyeron el reino y alinea los campos magnéticos impíos.

Me arrepiento por abrazar la Era de Acuario que abrió la puerta a la adoración de las estrellas y planetas, y a la nueva era.

Señor, por favor, alinea y reconfigura mi cuerpo, alma y espíritu a Tu sonido, colores, vibraciones, frecuencias y notas que crean la materia y destruyen las impurezas. Ajusta los elementos en mi cuerpo y cerebro para funcionar como Tú los ha creado para funcionar dentro de la creación, y quita toda contaminación de los elementos en la tierra a la cual mis antepasados y yo hemos estado conectados. Por favor, llévame a Tus lugares celestiales y quita toda contaminación de mí y de la tierra.

Yo me arrepiento por permitir que el enemigo tome los aires y envíe ondas dentro de la atmósfera, ondas de sonido negativas a través de palabras de discordia, declaraciones negativas y chismes; y también por no estar en unidad como un acorde. Me arrepiento por jugar y escuchar música impía que contiene palabras negativas y blasfemia. Perdóname por hablar y tolerar la blasfemia.

Yo me arrepiento por liberar sonidos en la atmósfera que le dan poder a las fuerza negativas y los dioses extranjeros; por mirar películas y programas de televisión influenciados por el espíritu del anticristo; por pasar la comunicación corrupta al permitir la transmisión de información que pase por la atmósfera y el suelo a través de las frecuencias y señales de las computadoras, IPods, IPhones, ITunes, YouTube, Facebook y otros medios. Señor, por favor, desmantela los puestos de control de las ondas de radio que han sido empoderados por la negatividad y por los sonidos impíos soltados en el aire; y redime las ondas para que sonidos divinos que trasmiten vida puedan ser transmitidos.

Señor Jesús, Tú eres la Raíz y el Linaje de David, El Lucero de la Mañana. Mantengo mis ojos en Ti, para que yo pueda ser un reflejo de Tu luz y belleza. Haz brillar Tu luz en mí y a través de mí, para que no haya ninguna oscuridad en o alrededor mío, y para que Tú puedas ser magnificado y glorificado.

22

LA CONTINUA REVELACIÓN DE
La Altura, Anchura y Longitud

"Lo inesperado es inesperado", un cliché, pero sin embargo es cierto. Como pastor me gustaría estudiar la Escritura, examinando cuidadosamente las palabras, frases y oraciones; y el entendimiento finalmente vendrá. Ahora ya no es así, porque el Señor, en su bondad, ahora nos ha llevado a un tipo diferente de caminar; un caminar que ha desbloqueado la escritura en formas que nunca soñé posible. Lo inesperado ha sucedido.

Mientras yo ministraba junto con otros creyentes, a menudo nos enfrentamos con problemas difíciles de tipo espiritual, mental y de salud. Decidido a entender lo que está pasando, le pedimos al Señor ayuda y la revelación vino. De repente, estamos yendo de regreso a escrituras familiares y palabras, pero ahora explotan para revelar un nuevo entendimiento que nunca antes fue aparente. La aplicación de estas nuevas verdades, resultaron en nuevos niveles de sanidad.

El año 2010 fue un año de una revelación acelerada. Fue el año en que tres palabras - anchura, longitud y altura- pasaron de ser componentes de un versículo bíblico a conceptos impregnados con pensamientos tan vastos, que nos maravillaron con las complejidades de la creación de Dios. Ahora estamos convencidos de que esto es sólo el comienzo de nuestro entendimiento, y que lo que el Señor tiene todavía para mostrarnos acerca de estas regiones, va más allá de nuestra imaginación.

En Mayo del 2010, yo estaba en Manhattan ministrando con otro ministro de oración, cuando un ángel vino con un mensaje y sucedió lo inesperado.

Esto es un ser espiritual llamado "la altura". Uno debe bajar para subir. Como se dijo de gloria en gloria, la revelación se despliega. Puesto que has sido fiel en lo poco, te daré más. Tu cumplimiento es en la esperanza. Tu deseo emana de alegría. El deseo hace camino; abre el camino porque está conectado a la fe -esperanza, deseo y fe. Los siete (espíritus de Dios) todos tienen la clave para recibir el siguiente nivel. Aprende bien de este viaje; es un nuevo viaje; voy a multiplicarlo.

En este lugar tomas dominio; cada nivel es una posición recibida; cada nivel es una posición redimida, destronada, y entronizada. La percepción cambió. Aprenderás a gobernar verdaderamente, a reinar verdaderamente.

Cada nivel acarrea multiforme sabiduría; la sabiduría es justificada por sus hijos. Hay una multiplicación en la dotación de la sabiduría en todos los niveles; ella labró sus siete columnas. Si el Señor no construye la casa, su trabajo es en vano. Es más caro que compartimentarlo; tomas dominio en cada nivel. En cada puerta y cada portal, la sabiduría clama. Cada vía, donde los caminos se encuentran, tú creas un camino, uno nuevo; tomas posición por medio de la decisión, la declaración, por un acuerdo. Cada nivel mantendrá la decisión y se establecerá un edicto; es la nueva ley para cada nivel por la orden de Melquisedec. Por un lado lo viejo es eliminado; por el otro lado la nueva ley viene; por un lado el antiguo pacto es eliminado; por el otro lado está el nuevo pacto. Cada vez que se acuerda algo, se anota y se decreta. Sigue un nivel de dispensación. Hay más por venir; pero no por ahora, hasta que llegues al 8.

Fue entonces cuando comprendí que la altura es un lugar de gobernar y reinar. Pero ¿qué significa decir que es un lugar? ¿Es una región? ¿Una colección de dimensiones? ¿Un reino? En Efesios 3:18 dice *"la anchura, la longitud, la altura y la profundidad"*. ¿Estos son cuadrantes o coordenadas? Al parecer, la nueva revelación solamente trae ¡nuevas preguntas! Y luego reflexioné, "¿Qué significaba, 'hasta que llegues al 8'"?

Entonces vino el 8 de agosto de 2013. Estaba orando con una mujer que había dejado a su marido muy controlador. En realidad, ella se había perdido en la esfera de su marido, un hombre que había definido su identidad hasta el punto de que ella no se había movido hacia la plenitud del llamado en su vida. Habiendo sentido que ella tenía que estar conmigo en el ministerio aquel día, el ministro de oración que había estado en Manhattan estaba presente. Inesperadamente, lo inesperado ocurrió de nuevo. Impulsado por el Espíritu, redescubrí la palabra del 2010 con la mención del "8", noté que ahora era 8/8, y nos dimos cuenta que estábamos en la altura divina. El Señor reveló más sobre la altura a medida que fue soltada para el cliente.

Un tipo diferente de ángel está aquí. Tiene un sonido. Estos ángeles habitan en la altura de Dios.

> La abundancia de Su gran bondad abundó para producir el fruto de la tierra en abundancia y para llevar verdad. Pero estos (los miembros de la línea generacional) no lo tendrían; ellos abusaron de los dones, lo destruyeron y lo enterraron en la desolación y la culpa. La esperanza fue destruida por lo que no recibieron y no honraron al Dador de los dones porque se honraron y creyeron en ellos mismos. (Este pecado colocó a la línea generacional en la altura impía).

> Has intentado y no ha funcionado. Tú no eres el sacrificio. Tú no eres la portadora de esa carga. Tú eres el don que es dado para revelar la verdad. Y has estado caminando por

tanto tiempo que nadie oye desde un lugar de aislamiento. Has estado de acuerdo en temor. Él (el esposo) no podría ir adonde tú estás yendo, por lo tanto Él te llevó adonde Él está. Tú no estás sola, pero tienes una llave.

El Señor nos enseñó que los pecados generacionales habían permitido que un gobierno impío en el pasado fuera tejido dentro de ella, colocándola en la altura impía. En lugar de gobernar y reinar con Cristo, ella se había convertido en una esclava del enemigo y de su marido, subyugada a ser la cola en lugar de ser la cabeza. En lugar de gobernar y reinar sobre la creación con su marido, ella seguía siendo un jugadora en el drama creado por el marido; y él se había convertido en el centro de su universo en lugar del Señor. A través de la oración, ella confesó el pecado generacional y le pidió al Señor que la sacara de la altura impía y la colocara en su posición correcta de gobernar y reinar.

A pesar de que estábamos recibiendo nuestra información inicial acerca de la profundidad y la altura, empecé a preguntarme si el Señor también revelaría características de la longitud y la anchura. No tuve que esperar mucho. En julio de 2010, mientras oraba por un cliente, el Señor nos dio el primer destello de la anchura. Lo recuerdo tan claramente porque estaba muy desanimado. Dos meses antes, nuestra ciudad nos había enviado una carta en la que teníamos que dejar el ministerio en nuestra localidad; y ahora, no sólo que nuestros esfuerzos para revocar la decisión falló, sino que tampoco habíamos tenido éxito en la búsqueda de una nueva ubicación. Yo estaba determinado a tener fe para el futuro, pero mis emociones no cooperaban con mi fe. Este día, el Señor me reveló que el cliente se había quedado atascado en un lugar impío bajo un falso tabernáculo; un lugar inestable que rotaba entre las estrellas por lo que uno nunca se podía sentir establecido; un lugar donde la duda y la incredulidad gobernaron hasta el punto de que había murmuraciones y quejas; un lugar donde Dios no respondía a ninguna necesidad. Mientras orábamos, el Señor nos instruyó que le pidiéramos que quitara a la persona de la anchura impía. Me uní a la oración por mí mismo, y estaba ¡totalmente sorprendido por lo que sucedió después! De repente, la duda y la desesperación se fueron y al instante, experimenté la fe. El cambio fue permanente.

Las siguientes revelarían que la anchura es un lugar del corazón; un lugar donde la fe, la esperanza y el amor habitan. Si las generaciones pasadas han ignorado el Señor, o si nuestras vidas no se han centrado correctamente en el Señor, entonces esto nos ha llevado a morar en la anchura impía, y nuestros corazones se han vuelto cansados. Vivir en la anchura justa es experimentar el gozo del Padre, y nosotros estamos solo rasguñando la superficie de sus complejidades. Los próximos libros explorarán las maravillas de este lugar.

Al año siguiente, en junio del 2011, el Señor nos sorprendió en una reunión interna en Collingwood, Canadá, con la revelación inicial acerca de la longitud. Nos mostró que la longitud justa es un lugar de unidad e identidad, incluyendo la unidad sexual; y la longitud impía es un lugar donde estamos mal vinculados a los demás. Vamos a seguir explorando esta región de nuestra humanidad para poder revelar cómo es posible experimentar nuevos niveles de libertad que no sabíamos que fuera posible.

Esperamos que venga mucho más en los futuros volúmenes de *Explorando los Lugares Celestiales.*

NOTAS FINALES

Introducción
1. Mateo 6:33
2. Salmo 100:5; 136:1, NTV

Capítulo 1: La Parte No Es el Todo
3. http://www.rcm-usa.org/ *Dissociative Identity Disorder: Recognizing and Restoring the Severely Abused*. Tom R. Hawkins, Ph.D. "La disociación es generalmente una perturbación o alteración en la conciencia, la memoria, la identidad o la percepción del medio ambiente. Normalmente, una persona asocia estas diversas funciones, mientras que la disociación es una compartimentación de estas funciones. La disociación es un proceso mediante el cual la mente separa uno o más aspectos de su función (saber, sentir, probar, oír, ver, etc.) lejos de la corriente normal de la conciencia. La disociación se encuentra en un continuo ir desde el normal fenómeno de soñar de día, fantasía, y la "hipnosis de la carretera" en un extremo hasta la poli fragmentada (altamente compleja) y múltiple mente que se divide en cientos (o miles) de identidades separadas, en el otro extremo. Esta condición era conocida anteriormente como Trastorno de Personalidad Múltiple (TPM), pero fue cambiada a Trastorno de Identidad Disociativo (DID) en 1994 por la Asociación Americana de Psiquiatría, con su publicación del DSM-IV, a fin de describir con mayor precisión este desorden."
4. Tom Hawkins falleció hace unos años y Diane Hawkins lidera Restoration in Christ Ministries (Ministerio Restauración en Cristo).
5. http://www.rcm-usa.org/ *Dissociative Identity Disorder: Recognizing and Restoring the Severely Abused*. Tom R. Hawkins, Ph.D.

Capítulo 2: Introducción al Cuerpo, Alma y Espíritu
6. Génesis 1:1, 26-28; 2:7, NTV
7. Gálatas 4:4a
8. Hebreos 1:3
9. Romanos 8:29
10. Juan 14:12
11. Juan 5:19
12. Hebreos 11:3

Capítulo 3: Entendiendo el Cuerpo – El Diseño Original de Dios
13. Colosenses 1:18, 24
14. Salmos 139:13-16
15. Mateo 6:25, 33, NTV
16. Salmos 63:1
17. Proverbios 3:5-8

Capítulo 4: Entendiendo el Cuerpo – Nuestra Realidad Actual
18. Proverbios 13:3
19. Salmos 47:1
20. Eclesiastés 9:10
21. Mateo 13:9
22. Romanos 6:12
23. Romanos 10:9-10
24. 1 Corintios 6:18
25. 1 Corintios 9:27
26. Filipenses 1:19a, 20b
27. Éxodo 15; 2 Samuel 6:12-19
28. Génesis 39-41
29. Daniel 1, 3, 6
30. Hechos 7:54-60
31. 2 Corintios 5:10
32. Hebreos 5:12-14
33. Hebreos 5:7-10

Capítulo 5: Entendiendo el Cuerpo – Jesús, el Hombre
34. Juan 1:1-3, 14
35. Juan 14:7, 9b
36. Génesis 3:17b-19
37. Génesis 6:5-6
38. Levítico 19:14; 21:8; Deuteronomio 28:27; 1 Samuel 5:6; 2 Reyes 5:27; Job 2:7; Marcos 9:17-22
39. Romanos 7:24
40. 1 Pedro 2:24
41. Hebreos 12:2
42. 1 Corintios 15:20-22
43. Juan 20:10-18
44. Lucas 24:36
45. Lucas 24:41-42
46. Lucas 24:37-40
47. Hechos 1:1-9
48. Hechos 1:10-11
49. 1 Juan 3:2
50. Filipenses 3:20-21
51. Mateo 10:28

Capítulo 6: El Alma del Hombre
52. Wikipedia, the Free Encyclopedia; http://en.wikipedia.or /wiki/Soul_music
53. *Soul Man*, por Isaac Hayes y David Porter, 1967; grabado por Sam & Dave, Stax/Atlantic S-231

54. *Little Bit O Soul*, por John Carter and Ken Lewis, 1964; grabado por The Music Explosion, Laurie 3380—5/67

55. *Thank You Lord For Saving My Soul*, S & B Sykes, 1940, 1945 New Spring (Admin. por Universal Music Publishing MGB Australia Pty)

56. *My Soul in Sad Exile*, Henry L. Gilmour

57. *He Hideth My Soul*, Francis J. Cosby

58. Juan 8:32, NIV

59. Génesis 19:20

60. Génesis 27:4

61. Génesis 27:19, 25, 31

62. Génesis 34

63. Génesis 35:18

64. Génesis 42:21

65. Génesis 49:5

66. Levítico 16:29, 31; 17:11; 23:27, 29, 32; 26:15, 30, 43

67. Números 16:38; 21:4, 5; 29:7; 30:13

68. Deuteronomio 30:6, 9-10

69. Deuteronomio 28:65

70. 1 Samuel 18

71. Job 3:20

72. Job 6:6-7

73. Job 7:11

74. Job 7:15

75. Job 10:1

76. Job 19:2

77. Job 30:16

78. Job 31:30

79. Job 33:22

80. Job 33:30

81. Salmos 16:10

82. Salmos 19:7

83. Salmos 23:3

84. Salmos 30:3

85. Salmos 31:7

86. Salmos 33:19

87. Salmos 49:15

88. Salmos 57:6

89. Salmos 66:9

90. Salmos 86:13

91. Salmos 94:17, 19

92. Salmos 119:20

93. Salmos 124:5,7

94. Salmos 142:7

95. Proverbios 24:12

96. Proverbios 22:4-5
97. Eclesiastés 6:3
98. Eclesiastés 6:7
99. Isaías 29:8
100. Isaías 58:11
101. Isaías 61:10
102. Mateo 10:28
103. Mateo 11:29
104. Marcos 12:30
105. Hechos 4:32
106. Hebreos 4:12
107. Santiago 1:21
108. 1 Pedro 1:8-9
109. It Will Be Worth It All, Esther Kerr Rushthoi

Capítulo 7: El Espíritu del Hombre
110. Wikipedia; http://en.wikipedia.org/wiki/Topper_%28film%29;
    http://en.wikipedia.org /wiki/Carousel_%28film%29;
    http://en.wikipedia.org / wiki/Here_Comes_Mr._Jordan
111. 1 Tesalonisences 5:23
112. Zacarías 12:1
113. Eclesiastés 8:8
114. Santiago 2:26
115. Efesios 2:1-2
116. Números 5:30
117. 1 Samuel 16:16
118. Isaías 19:14; Miqueas 2:11; Mateo 12:43-46; 1 Reyes 22:22-23; Lucas
    11:24; 1 Tesalonicenses 4:8
119. Elwell, W. A., & Comfort, P. W. (2001). Diccionario Bíblico Tyndale.
    Referencia Bíblica Tyndale. Wheaton, Ill.: Casa de Publicaciones
    Tyndale.
120. 1 Corintios 2:10-14
121. Job 32:8
122. Hageo 1:14-15
123. Romanos 8:14
124. Proverbios 17:27b
125. Proverbios 18:14
126. Proverbios 20:27
127. Lucas 1:80
128. Mateo 8:16
129. Gálatas 5:22-23
130. Proverbios 29:23
131. 1 Corintios 14:15

132. Gálatas 6:1
133. Génesis 41:38
134. Daniel 5:11
135. Hechos 11:24
136. Gálatas 6:1
137. 1 Juan 4:1
138. 1 Samuel 28:3-20
139. Levíticos 20:27
140. Hebreos 9:27
141. Hebreos 9:28
142. Colosenses 2:13-15

Capítulo 8: Los Asuntos del Corazón
143. Génesis 1:26-27, 31
144. Génesis 6:5-6
145. Efesios 3:17
146. Lucas 8:12
147. Jeremías 32:40
148. Hechos 5:3
149. Hechos 16:14
150. Romanos 16:18
151. Apocalipsis 17:17
152. Lucas 6:45
153. Deuteronomio 4:29, 11:13; Josué 22:5; 1 Reyes 2:4; 2 Reyes 23:25; 1 Crónicas 22:19; 2 Crónicas 15:15; Mateo 22:37; Lucas 10:27
154. Éxodo 35:21
155. Deuteronomio 2:30
156. Josué 5:1
157. Salmos 51:10
158. Salmos 51:17
159. Salmos 77:6
160. Salmos 143:4
161. Proverbios 15:13
162. Isaías 57:15
163. Ezequiel 18:31
164. Ezequiel 36:26
165. Daniel 5:20
166. 1 Pedro 3:4
167. Jeremías 17:9

Capítulo 9: Las Condiciones del Corazón
168. Éxodo 7-14
169. Josué 11:20
170. 1 Samuel 25:37-38
171. Daniel 5:20

172. Salmos 95:7b-11
173. Proverbios 28:14
174. Zacarías 7:12
175. Marcos 3:5
176. Marcos 6:52
177. Marcos 16:14
178. Romanos 2:5
179. 2 Reyes 22:19
180. Proverbios 7:2-3
181. Proverbios 10:8
182. Proverbios 14:30
183. Proverbios 21:1
184. Proverbios 27:19
185. Eclesiastés 8:5
186. Isaías 16:11
187. Isaías 60:5ª
188. Ezequiel 11:19
189. Jeremías 24:7
190. Jeremías 31:33
191. Juan 7:38
192. Hechos 14:17
193. Éxodo 35:21-22
194. 1 Samuel 16:7
195. 2 Samuel 24:10
196. Salmos 64:6
197. Isaías 32:6
198. Mateo 12:34-35
199. Mateo 15:18-19
200. Marcos 2:8
201. Marcos 7:6
202. Lucas 3:15
203. Lucas 12:34
204. Gálatas 4:6
205. 1 Corintios 4:5
206. 1 Pedro 3:4
207. 1 Juan 3:19-21
208. Marcos 12:30
209. Isaías 53:6
210. Salmos 38:8
211. Salmos 69:20
212. Proverbios 15:13
213. Proverbios 17:22
214. Jeremías 23:9

215. Ezequiel 21:6
216. Oseas 10:2
217. Deuteronomio 29:14-15, 18-20
218. Romanos 10:8-10

Capítulo 10: La Voluntad
219. Webster, Noah. (1928). *American Dictionary of the English Language* (Facsimile Edition 1967). Chesapeake, Virginia: Foundation for American Christian Education
220. Mateo 21:31a
221. Romanos 9:16
222. Tito 1:7
223. 2 Pedro 4:19
224. Salmo 27:12
225. Marcos 3:35
226. Romanos 8:27
227. Romanos 12:2
228. Efesios 6:6
229. Mateo 6:9-10
230. Lucas 20:41-42
231. Génesis 3
232. Lucas 7:30
233. Mateo 23
234. Jeremías 26:13
235. Juan 2:17
236. Hebreos 10:36-37
237. Mateo 6:33-34
238. Hechos 22:12-16
239. Efesios 1:7, 9
240. Gálatas 1:15-18
241. Juan 7:17
242. Filipenses 4:4-8
243. Romanos 8:16-17
244. Efesios 1:11a
245. Apocalipsis 3:12

Capítulo 11: Introducción a la Anchura, Longitud, Profundidad y Altura
246. Efesios 3:14-19
247. Foulkes, F. (1989). *Ephesians: an introduction and commentary* (Vol. 10, p. 111). Downers Grove, IL: Intervarsity Press.
248. Lange, J. P., Schaff, P., Braune, K., & Riddle, M. B. (2008). *A Commentary on the Holy Scriptures* (p. 126). Bellingham, WA: Logos Bible Software.
249. Vincent, M. R. (1887). *Word studies in the New Testament* (Vol. 3, p. 385). New York: Charles Scribner's Sons.

250. Efesios 3:4-5, 9-11
251. Efesios 3:6
252. Efesios 3:13
253. Efesios 3:16
254. Efesios 3:19
255. Efesios 3:20
256. Efesios 4:1–6
257. Efesios 4:7

Capítulo 13: Lugares en la Profundidad
258. Proverbios 9:18
259. Proverbios 25:3
260. Salmo 27:13

Capítulo 14: Explorando la Profundidad
261. Génesis 37:35
262. Salmo 9:17
263. Salmo 30:3
264. Deuteronomio 22:32
265. Salmo 69:22
266. Salmo 140:5
267. Salmo 141:9

Capítulo 18: Acontecimientos que Nos Cambian la Vida a lo Largo del Camino

268. Hesperia, California, está en el camino entre Los Ángeles y Las Vegas. Para llegar allí se viaja desde la cuenca de Los Ángeles y sobre el Paso del Cajón, llegando al desierto alto a unos 3.000 pies. Está en lo que se conoce como el Camino del Mormón, que es el camino de Salt Lake a San Bernardino. También es un lugar donde una gran cantidad de robos de caballos tuvieron lugar a lo largo de los años.

Capítulo 22: La Continua Revelación de La Altura, Anchura y Longitud
269. Efesios 3:18